焚き火を囲んで聴く神の物語・説教篇〈4〉

聖なる神の聖なる民

レビ記

頭眞一

ヨベル新書
069

YOBEL,Inc.

加藤常昭先生に

装丁・ロゴスデザイン：長尾 優

大頭眞一牧師に「贈る言葉」

登戸学寮長、北海道大学名誉教授　千葉　惠

大頭眞一牧師の全八巻におよぶ説教集が公刊されますこと心よりお祝い申し上げます。牧師が心を注ぎだしつつ日曜ごとに語られた福音とその聴衆などの方々の献身によります音声の文字化を通じての共同作業における感動の共有、これはわが国の現状のなかで大きな証と存じます。説教を拝聴したことがない身でおこがましいのですが、個人的な評ではなく「贈る言葉」をということでしたので、一般的な言葉で船出を祝したいと存じます。

説教はギリシア・ローマ世界では説得をこととする「弁論術（Rhetoric）」に属します。政治家や弁論家は聴衆の「パトス（感情）」に訴えまた「ロゴス（理論）」により訴えそして、「人格」に訴えつつ、自らが最も正しいと理解することがらを市民に説得する、その技術が弁論術です。例えば、戦争に駆り出そうとするさいには、パトスに訴え「家々は焼かれ財産は略

奪され、婦女子は……」という仕方で恐怖などを呼び起こして参戦を促しました。
大頭牧師は説教によりイエス・キリストを宣教しておられます。キリストが罪を赦す権威をもった方であり、人類に救いをもたらす方であることを聴衆に語り掛け、説得します。福音の宣教は通常の弁論術とは異なります。例えばペリクレスの場合は彼の「人格」の故に、民衆はペリクレスが言うのだからという彼の人格への信頼のもとに彼の政策を受け入れました。しかし、福音の宣教においては、ただイエス・キリストの「人格」が屹立しています。彼においてこそ、他の人類の歴史においては一度も実現できなかった正義と憐れみの両立が出来事となりました。この救い主を高らかに宣教すること、ただそれだけで、キリストの弟子でありうることただそれだけで、大頭牧師は無上の光栄ある務めであり、希望であり喜びであると日曜ごとに立ち返っておられたことでありましょう。キリストを語ること、それだけで人類が持ちうる最大の説得が遂行されていることでありましょう。

2019年10月10日

聖なる神の聖なる民——レビ記

目次

大頭眞一牧師に「贈る言葉」……千葉　惠　3
神に会うために　7
神に近づくために　25
神のみ前に生きるために　38
神に赦されるために　54
もろびとこぞりて　73
感謝と喜びを　85
今日を生きるために　107
自由に生きるために　123
まっすぐ立つために　143
焚き火を囲む校正者のおまけ集――解説に代えて……山田風音　155
協力者の方々のプロフィール　175
あとがき……大頭眞一　176　説教ができるまで――その1　180　楽譜／書評　187

神に会うために

聖書　レビ記1章1～17節

[1]**主**はモーセを呼び、会見の天幕から彼にこう告げら
れた。[2]「イスラエルの子らに告げよ。あなたがたの中
でだれかが**主**にささげ物を献げるときは、家畜の中から、牛か羊をそのささげ物として献
げなければならない。[3]そのささげ物が牛の全焼のささげ物である場合には、傷のない雄
を献げなければならない。その人は自分が**主**の前に受け入れられるように、それを会見の
天幕の入り口に連れて行き、[4]その全焼のささげ物の頭に手を置く。それがその人のため
の宥めとなり、彼は受け入れられる。[5]その若い牛は**主**の前で屠り、祭司であるアロンの
子らがその血を携えて行って、会見の天幕の入り口にある祭壇の側面にその血を振りかけ
る。[6]また、全焼のささげ物はその皮を剝ぎ、各部に切り分ける。[7]祭司であるアロンの

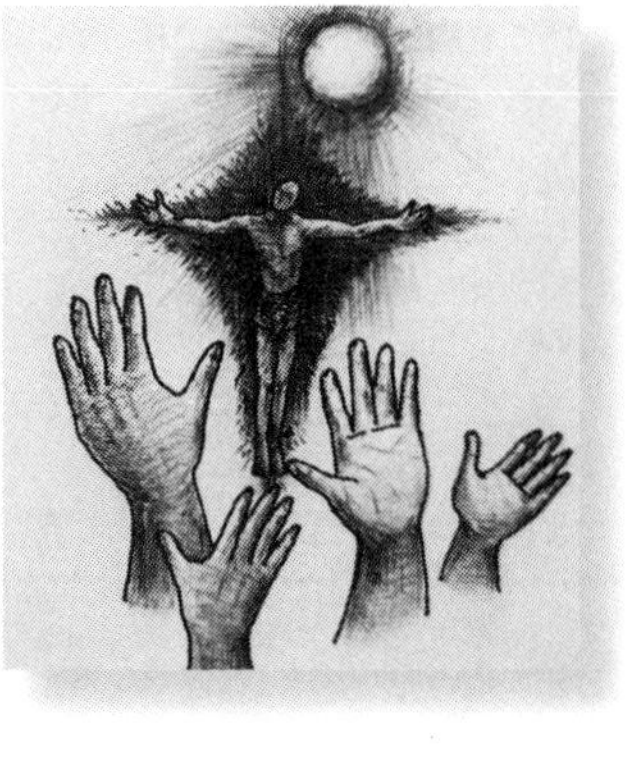

子らは祭壇の上に火を置き、その火の上に薪を整える。[8]祭司であるアロンの子らは、そ
の切り分けた各部と、頭と脂肪を祭壇の火の上の薪の上に整える。[9]内臓と足は水で洗う。
祭司はこれらすべてを祭壇の上で焼いて煙にする。これは全焼のささげ物、**主**への食物の
ささげ物、芳ばしい香りである。[10]そのささげ物が、羊の群れ、すなわち羊またはやぎの
中からの全焼のささげ物である場合には、傷のない雄を献げなければならない。[11]それを
祭壇の北側で、**主**の前で屠り、祭司であるアロンの子らが、その血を祭壇の側面に振りか
ける。[12]また、そのささげ物は各部に切り分ける。祭司はこれを頭と脂肪とともに祭壇の
火の上の薪の上に整える。[13]内臓と足は水で洗う。祭司はこれらすべてをささげ、祭壇の
上で焼いて煙にする。これは全焼のささげ物であり、**主**への食物のささげ物、芳ばしい香
りである。[14]**主**へのささげ物が鳥の全焼のささげ物である場合には、山鳩、または家鳩の
ひなの中から、自分のささげ物を献げなければならない。[15]祭司はそれを祭壇に持って来
て、その頭をひねり、祭壇の上で焼いて煙にする。その血は祭壇の側面に絞り出す。[16]餌
袋はその中身とともに取り除き、祭壇の東側の灰置き場に投げ捨てる。[17]その翼は引き裂
くが、切り離してはならない。祭司はそれを祭壇の上、火の上の薪の上で焼いて煙にする。
これは全焼のささげ物であり、**主**への食物のささげ物、芳ばしい香りである。

11月の第4主日の礼拝にようこそいらっしゃいました。4月から読み進んで参りました聖書ですが、今日からレビ記に入ります。エジプトから助け出されたイスラエルの人びとは、モーセがシナイ山で十戒の石の板を授かっている間に待ちきれなくなって金の子牛を造り、それを拝んでしまいました。これは神さまへの裏切りとも言えることでした。しかし、神さまはその罪を赦されました。そして、ご自分が民の真ん中に住まわれるために会見の幕屋を造ること、祭司たちを任職することを備えられました。けれども、もう一つ大切な備えが残っていました。それは民が神さまにお仕えするための備えがなされることでした。

レビ記は、聖書を通読するときにつまずきやすい箇所と言われています。しかし、ここもまた神さまのみ言葉です。注意深く読むときにレビ記にも大きな恵みがあります。教会の歴史の中でレビ記がどう読まれてきたのか、それも参考にしながら、ご一緒に読んでいきたいと思います。細かく見ていくと難しくなるので、今日はレビ記の1章から7章までを一気に読むことにいたします。そこには**五つのささげ物**について書かれています。これは、私たちの礼拝で大切なことと共通するものです。そのことを今日も聖書から聞きたいと思います。

全焼のささげ物　第一のささげ物はレビ記1章に書いてあります。それは「全焼のささげ物」（新共同訳：焼き尽くす献げ物、聖書協会共同訳：焼き尽くすいけにえ）です。全焼、つまりすべてを燃やし尽くすささげ物です。ささげる人は牛か羊かヤギの雄、それも傷のないものを連れてきてその頭に手を置きます。頭に手を置いて「この動物は自分の代わりだ」というのです。この動物は自分だということです。

「その全焼のささげ物の頭に手を置く。それがその人のための宥めとなり、彼は受け入れられる。」（1・4）

この動物が受け入れられるということは、私が受け入れられるということです。だから「私を受け入れてください」という願いを込めて動物をささげるのです。動物は屠（ほふ）られて全て焼き尽くされます。何も残らない。これが礼拝の本質です。すべておささげする。「全焼のささげ物」の特徴は、その名の通りすべて焼くことです。他のささげ物は、その一部が祭司のものになる。場合によっては、ささげた人もその一部を食べることになっています。しかし「全焼のささげ物」だけは全部焼いてしまうのです。全部焼いて煙にしてしまうのです。

煙が立ち上って、神さまが香りを受け入れてくださるのです。ささげた後には何も残らないのが「全焼のささげ物」です。ささげた人は、ささげ物が全部燃え尽きるのを見て「私も神さまのものになった。私も神さまに受け入れられて、神さまと共に生きるのだ」という喜びを持つのです。「全焼のささげ物」をささげる人は、もったいないと未練がましく思うのではなく「私の全てが神さまのものになった」という喜びに踊ります。パウロはこのことをローマ人への手紙に記しています。

「ですから、兄弟たち、私は神のあわれみによって、あなたがたに勧めます。あなたがたのからだを、神に喜ばれる、聖なる生きたささげ物として献げなさい。それこそ、あなたがたにふさわしい礼拝です。」（ローマ12・1）

「ふさわしい礼拝」とは何か。それはあなたのからだだけでなく、あなたの心、あなたの全て、あなた自身を神さまにささげることです。ささげたものは神さまのものとなります。あなたは「神のもの」になるのです。礼拝において「私は本当に神さまのものです」と自分自身をささげた時、そこには何とも言えない爽やかな喜びが生まれます。これは本当に幸いなことです。

明野キリスト教会の礼拝で献金の感謝のお祈りに立てられた人は「この献金とともに私たち自身をもおささげします」とお祈りしてくださいます。これは礼拝の本質をよく現していると思います。一週間のはじめの礼拝で神さまのものになった私たちは、残りの六日間も神さまのものとして生きることができます。しかし、一つ覚えておかなければならないことがあります。それは「私たちが献金をささげて、私たち自身もささげた。だから神さまが私を受け入れてくれて当然」ではないことです。いけにえの動物は、当時の人びとにとってものすごい値打ちがありました。それは大きな財産です。後に預言者ナタンがイスラエルの王様、ダビデに語ったたとえの中には、子羊を一頭しか持っていない人が「貧しい人」と言われています。普通の人もそんなにたくさんの家畜を持っていたわけではありません。なくてもいいものではなく、それがなければ食べるのにも困るかもしれないものをささげるのです。

それでも、持っているものの「全て」ではありません。私たちがささげる献金も「与えられたものの一部にすぎませんが」と祈る通り「一部」です。しかしそのような「一部」をもって、神さまは私たちが「全て」をささげたと見なしてくださるのです。そのような手段を神さまが設けてくださったことを忘れてはいけません。

一方「全てささげます」とは言っても自分ではどこまでささげているのか良く分からないこともあります。でも、大丈夫。神さまはささげていない部分があれば「では、これはどうなのか」と後から気づかせて、それもまたささげさせてくださるからです。最初にささげた時すでに、まださささげられていない隠れた部分もひっくるめて受け入れてくださるのです。「あなたは、わたしのものだ」と最初から見なしてくださっているのです。

「ささげる」というと、何か辛いことを意味するようなイメージがあるかもしれません。しかし、まずそこにあるのは「神さまのものとされた」という喜びであることを覚えたいと思います。

穀物のささげ物　二番目のささげ物は「穀物のささげ物」（新共同訳：穀物の献げ物、聖書協会共同訳：穀物の供え物）です。これはレビ記2章に書いてあります。このささげ物は随時、つまり自分が思い立った時に自発的にささげるものです。この日にささげなければならないと決められているものではありません。いつでもささげて良いのです。ちなみに第一の全焼のささげ物も、またこの次に見る三番目の交わりのささげ物も随時のささげ物なのです。いつでもささげたいと思った時に、自発的にささげることができるものです。礼拝の本質もまたそこにあります。礼拝に来なければならないからではなく、礼拝をささげたいと思うから集うのです。礼拝は、神さまを賛美し、神さまを喜びたいと願ってささげるのです。穀物のささげ物について、覚えの分という言葉が繰り返し出てきます。例えばレビ記2章2節。

「それを祭司であるアロンの子らのところに持って行く。祭司はその中から、ひとつかみの小麦粉と油と乳香すべてを覚えの分として取り出し、祭壇の上で焼いて煙にする。これは**主**への食物のささげ物、芳ばしい香りである。」（2・2）

今日は11月最後の主日です。多くの教会ではこの季節に収穫感謝の礼拝がささげられます。私の前任の教会では礼拝堂の講壇の前にテーブルが置かれ、米俵や果物などが山盛りになっていました。それを礼拝の後にバザーで売り、そのお金を献金としてささげるのです。山盛りの果物などを見て嬉しくなる、そのような時でした。

しかし、穀物のささげ物は、実は収穫感謝のささげ物とは関係ありません。随時のささげ物なのです。いつでも、どこででもささげるものです。収穫があったことを感謝しているのではなく「覚えの分」なのです。私が神さまに覚えられている、その覚えを喜んでささげるのが穀物のささげ物です。私が神さまに覚えられている、すなわち神さまの心に留められている、私は神さまに愛されている。そのことを喜んで随時ささげるのが穀物のささげ物なのです。

昨日、ご近所の6名の方との聖書の学び会で使徒信条を読みました。そこで一人の方が「日本のカミや仏はやっぱり現世利益を盛んに言うのが特徴です。でもキリスト教はそこが違いますね。確かに、神さまの現実の恵みもあるのですが中心は愛だと思います」とおっしゃいました。それを聞いて私は「良くわかっておられるなあ」と思い、とても嬉しかったです。そうなのです。私たちは愛する人となら「手鍋下げても」と言うように、どんな苦労でも一緒にしてもいいと思う。神さまとのそのような関係がキリスト教のいのちなのです。礼拝は、神さまに愛されていることを喜ぶものです。私は神さまに覚えられている。私は神さまの覚えの分なのだ。そのことを喜ぶのです。これが穀物のささげ物に見ることができる礼拝の大切な要素です。

交わりのささげ物

三番目のささげ物は、3章にある「交わりのささげ物」（新共同訳：

和解の献げ物、聖書協会共同訳：会食のいけにえ）です。これも随時ささげることができるものです。交わりのささげ物は、全焼のささげ物とは違います。全焼のささげ物は全部を神さまにささげるものでした。また、穀物のささげ物とも違います。穀物のささげ物は、覚えの分は神さまにささげて、残りは祭司のものでした。ところが交わりのささげ物は一部は、焼いて神さまにささげ、一部はささげる人が食べます。そして、その他の残りは神と人との仲立ちをする祭司が食べるのです。そこには、祭司と民と神さまが一緒に食事をしているような素晴らしい交わりの光景があります。礼拝とは、まるで一つの食卓に着いているかのように、神さまとの交わりを今、ここで味わう時なのです。

こういう儀式にどんな意味があるのだろう、また、なぜ説教を聞かないといけないのか、というように、礼拝がつまらないと思うことがあるかもしれません。神さまがこの礼拝の場に今おられることを忘れると、礼拝はつまらない儀式のように思えるかもしれません。けれども、神さまが今この時、この礼拝の場におられ、私たちはその神さまのみ言葉を聞き、神さまに向かって賛美をささげている。今ここで神さまが私たちの賛美を聞いてくださっている。私たちを喜んでくださっている。そう思うなら、ドキッとするほどの嬉しさがよみがえるのではないでしょうか。

この交わりは、とりわけ聖餐（せいさん）において際立ったものになります。そこでは実際に飲み食いをします。私たちはわけのわからない儀式よりも宴会の方が好きでしょう。礼拝に神さまがおられることがわかると、礼拝はわけのわからない儀式ではなく、霊の糧（かて）を飲んだり食べたりして喜ぶ宴会であることがわかります。そのことを現しているのが聖餐です。英語では「コミュニオン」と言いますが、辞書を引くと第一番目の意味は交わりで、聖餐は第二番目です。聖餐というのはまさに神さまとの交わり、仲間と一緒に神さまを囲む食卓なのです。プロテスタント教会は毎回の礼拝で必ず聖餐を行うというわけではありませんが、それは決して聖餐を軽んじているのではなく、むしろ大切にしているからです。いずれにせよ聖餐の本質は礼拝と同じです。礼拝そのものがコミュニオンなのです。礼拝そのものが神と私たちとの食卓の交わりであるのです。

罪のきよめのささげ物

次に、レビ記4章から5章13節にある四番目のささげ物、「罪のきよめのささげ物」（新共同訳：贖罪（しょくざい）の献げ物、聖書協会共同訳：清めのいけにえ）です。ここで扱われている罪というのは、わざと犯した罪ではなく、不注意で犯した罪を意味します。それを罪と言うのかと思うかもしれません。しかし聖書のこの場面では、知らずに、不注意で、うっかり犯したことを罪として扱っています。「わざとじゃないから悪くないよね」と言うことはできるかもしれません。しかし、わざとやっていなくてもその罪は、さまざまな影響を及ぼします。誰かを傷つけることをうっかり、知らずに言ってしまった場合、私たちは知らなかったけれどもその人は傷つきます。そのような場合、関係を回復するためにはその人にお詫びをしたり、仲直りをするための努力をしたり、何かの処置が必要です。神さまとの関係、あるいは他の人との関係において知らずに、不注意で犯した罪であっても、そのままにしておいてはならないのです。これを処理するために定められたのが第四のささげ物です。

　悪気がなくても、自分のしたことに対して、そしてそれによって傷ついた神さまや人びとに対して無頓着でいるならば関係は損(そこ)なわれていきます。どんどん損なわれていき、ついには関係が断たれてしまうことがあるかもしれない。神さまとの関係が損なわれて、ついには神さまのご臨在が失われてしまうことがありえるのです。私は神さまに覚えられている、私は神さまのものだという喜びが曇ってしまい、ついにはなくなってしまう。そんなことは決してあってはならないことです。ですから、不注意で犯した罪であっても気付いたら、あるいは、誰かが教えてくれたら、それを告白して神さまの前に持ち出す。そして、その関係の曇りをもと通りに回復していただくことが必要なのです。

罪のきよめとは、不注意の罪によって神さまとの間に曇りが生じた時に、その曇りをきよめることです。神さまの恵みが曇りによって滞ることなく私たちへ流れるように、また私たちの賛美が滞ることなく神さまへと流れるように、神さまと私たちとの間を曇らせているものをきよくすることです。この礼拝でもさきほど牧会祈祷の中で「罪のとりなしの祈り」をささげました。その中で「わざと犯した罪だけでなく、不注意で犯した罪、してはいけないと知らずに犯した罪についても、神さま、赦してください」と祈りました。そのような祈りがささげられる時、礼拝者である私たちは、わかって犯した罪だけでなく故意でない罪、不注意で犯した罪についても赦され、神さまとの関係がきよめられ、喜びが回復するのです。

罪の償いのささげ物　最後の五番目のささげ物は5章14節からです。それは「罪の償いのささげ物」（新共同訳：賠償（ばいしょう）の献げ物、聖書協会共同訳：償（つぐな）いのいけにえ）です。これは神さまに対して、罪の償いとして動物の犠牲をささげるものです。また、隣人に対しても物質的な償いを行うのです。20％増しの償いです。ここで注目したいのは、この罪の償いのささげ物は不注意に対する償いであることです。旧約聖書の別の箇所では、わざと犯した罪は赦されない、絶対に赦されないと書いてあります。

「この国に生まれた者でも、寄留者でも、故意に違反する者は**主**を冒瀆する者であり、その人は自分の民の間から断ち切られる。」（民数記15・30）

わざと犯した罪というのは赦されないのです。ところが、それにもかかわらずレビ記6章7節には次のように書かれています。

「祭司は**主**の前でその人のために宥めを行う。彼は、自分が行って責めを覚えるようになったどのことについても赦される」（6・7）

「どのことについても」です。例えばレビ記6章1〜2節には、

「**主**はモーセにこう告げられた。『人が罪に陥っていて**主**の信頼を裏切るとき、すなわち、預かり物や担保の物やかすめた物について同胞を欺いたり、あるいは同胞を脅迫してゆ

すり取ったり、』」（6・1〜2）

とあります。このようなことも含め、「どのことについても」赦されるのです。知らないでゆすりましたとか、不注意でゆすりましたとか、そんなことはあり得ないわけです。「故意の罪は絶対に赦されない」と一方では言い、もう一方では「どんな罪についても赦される」と言っている。これらを見比べると、聖書の中に矛盾があるように見えるかもしれません。しかし、私たちは聖書を読む時、機械的に矛盾点を探すように読むのではなく「神さまはどのようなお方であるのか」という視点から読む必要があります。神さまはどのようなお方か。それは先ほど述べた聖書の学び会に出席された方がおっしゃったように「愛なるお方」です。「神さまの愛」という視点から民数記の場面を読むならば神さまは「決して故意に罪を犯すことがないように」と愛を込めておっしゃっていることがわかります。それでも罪を犯してしまった人について、その人を滅ぼすことに本当に心を痛めて「では、そういう時にはこのようにささげ物をすればこの罪を赦す」と言わずにはおれない、憐れまずにはおれない神さまのお姿をここに見るのです。そのように見る時、言葉を曲げるほどに心を痛めてくださっている神さまの愛に、私たちも痛みながら感謝する生き方へと、また神さまをほめたたえる生き方へと変えられていきます。神さまは私たちの罪を赦されます。どんなに取り返しがつかないように思える罪であっても、赦しの手段を用意してくださっています。

同じように、これまで見てきた五つのささげ物はみな、そもそも神さまが定め、備えてくださった恵みです。どんな動物も私たちの献身、感謝、回復、罪の赦しにはとうてい足りないけれども、神さまがそれで良いとしてくださいました。それは、やがてささげられる御子イエスの犠牲が予定されていたからです。キリストの十字架によって、これまで見てきたささげ物の意味が生きたものとなるのです。御子キリスト・イエスの十字架に、これら五つのささげ物全てが現されていることを、私たちは知る必要があります。

私の父のためにお祈りくださりありがとうございます。大腸癌のステージ4ということで、最近になって痛みが出始めました。話をしていても「イテテ」と30秒くらい痛み、そして「ふう」と息を整えるということを繰り返しています。先週の18日の礼拝でのことです。父は「これがおそらく最後の礼拝だ」と言って、許されるならば礼拝、あるいは礼拝後の交わりで証しをさせてほしいと、出席している御影福音教会に申し出たそうです。それで、礼拝の中で証しをすることになりました。父は原稿を用意はしたのですが、それを最後まで読むには体力的に自信がなかったので母に代読を頼みました。母が事前にその原稿に目を通しました。すると「このような私が赦された」ことを感謝する証しなのですが、「このような私」の部分がかなり踏み込んだ内容だったそうです。それで母が「本当にこれでいいのか」と確認した。すると父は「もう最後だから。最後ぐらいは神さまの前でも、人の前でも正直でありたい」と言い、結局、母は礼拝でその証しをその通り読みました。

次の日、私は父を訪ねました。父は痛みの中にありましたが晴れやかな顔をしていました。「私は罪を赦された。本当に主イエスの十字架によって受け入れられた。もう何も心配はいらない」と言いました。

礼拝で私たちは父なる神を賛美します。御子イエス・キリストの父なる神であり、今や私たちの父となってくださった神さまです。私たちは礼拝において、御子を十字架にかけてくださったこの神さまを賛美しつつ、私たち自身をみ前におささげするのです。

「私たちが神を愛したのではなく、神が私たちを愛し、私たちの罪のために、宥(なだ)めのささげ物としての御子を遣わされました。ここに愛があるのです。」(Ⅰヨハネ4・10)

私たちの救い主であり、私たちのためにささげ物ともなってくださった御子イエスを仰ぎ見ながら、生涯の終わりまで礼拝者であり続けられるようにと願います。

神に近づくために

聖書　レビ記9章6～24節
6 モーセは言った。「これは、あなたがたが行うよ
うにと**主**が命じられたことである。そのようにすれ
ば、**主**の栄光があなたがたに現れる。」7 モーセは
アロンに言った。「祭壇に近づきなさい。あなたの罪のきよめのささげ
物を献げ、あなた自身のため、またこの民のために宥めを行いなさい。また民のささげ
物を献げ、**主**が命じられたとおりに彼らのために宥めを行いなさい。」8 そこでアロンは
祭壇に近づき、自分のための、罪のきよめのささげ物である子牛を屠った。9 アロンの
子らがその血を彼に差し出すと、アロンは指をその血に浸し、祭壇の四隅の角に塗った。
彼はその血を祭壇の土台に注いだ。10 それから、罪のきよめのささげ物から脂肪と腎臓

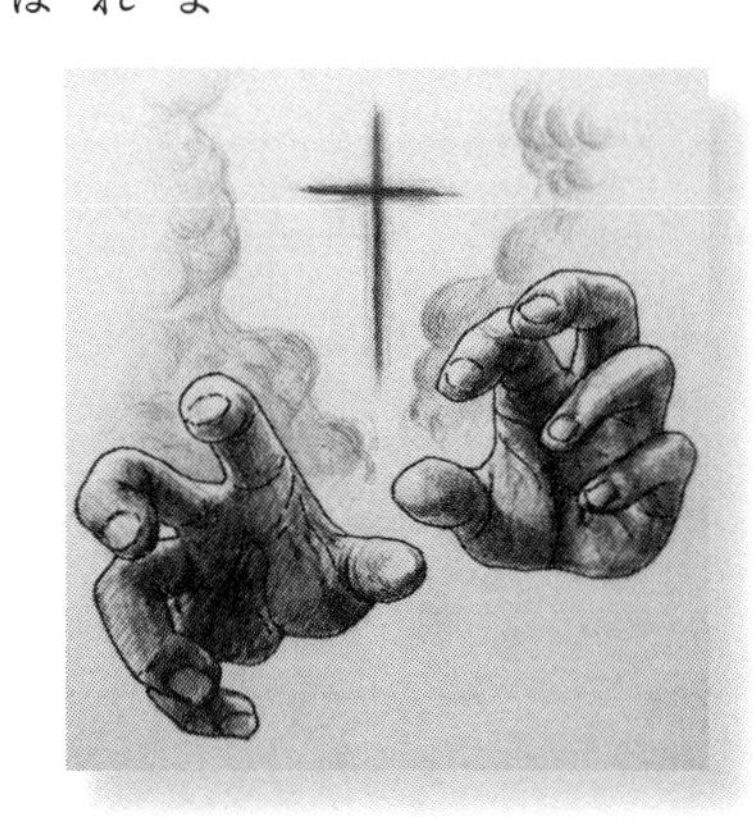

と肝臓の小葉を、祭壇の上で焼いて煙にした。主がモーセに命じられたとおりである。
11 その肉と皮は宿営の外で火で焼いた。12 アロンは全焼のささげ物を屠り、アロンの子
らがその血を彼に渡すと、彼はそれを祭壇の側面に振りかけた。13 また彼らが、全焼の
ささげ物を各部に切り分けたものとその頭を彼に渡すと、それらを祭壇の上で焼いて煙
にした。14 それから内臓と足を洗い、全焼のささげ物とともに、これを祭壇の上で焼い
て煙にした。15 次に、彼は民のささげ物を携えて来て、民のための、罪のきよめのささ
げ物としてやぎを取り、屠って、先と同様にこれを罪のきよめのささげ物とした。16 そ
れから、彼は全焼のささげ物を献げた。すなわち、規定のとおりにそれを行った。17 次に、
穀物のささげ物を献げ、その一部を手のひらいっぱいに取り、朝の全焼のささげ物とは
別に祭壇の上で焼いて煙にした。18 それから、民のための交わりのいけにえの牛と雄羊
が屠られた。アロンの子らがその血を渡すと、彼はそれを祭壇の側面に振りかけた。19
その牛と雄羊の脂肪の各部、すなわち、あぶら尾、内臓をおおう脂肪、腎臓、肝臓の小葉、
20 これらの脂肪を彼らが胸肉の上に置くと、彼はその脂肪を祭壇の上で焼いて煙にした。
21 胸肉と右のもも肉は、モーセが命じたとおりに、アロンが奉献物として主の前で揺り
動かした。22 こうして、アロンは民に向かって両手を上げ、彼らを祝福し、罪のきよめ

のささげ物、全焼のささげ物、交わりのいけにえを献げ終えて壇から降りて来た。23 モー
セとアロンは会見の天幕に入り、そこから出て来て民を祝福した。すると**主**の栄光が民
全体に現れ、24 火が**主**の前から出て来て、祭壇の上の全焼のささげ物と脂肪を焼き尽く
した。民はみな、これを見て喜び叫び、ひれ伏した。

礼拝の度にレビ記を続けて読んでいますが、今日は動物のいけにえの箇所です。３５００年前の動物のいけにえが、今の私たちに何の関係があるのかと思います。現代人にとって本当に難しいところです。

水曜日の聖書の学びと祈り会では、マルコの福音書に出てくるシリア・フェニキアの女性について学びました。この女性は、悪霊につかれた小さな娘を助けてくださいと主イエスに願うのですが、イエスさまの対応は「にべもない」と言っていいほど冷たく感じられるものです。あそこも難しい箇所です。けれども、主イエスはどんなことをなさるときにも愛です。水曜日の祈り会では、愛のゆえにこの女性の信仰を引き出し、成長させてくださった主イエスのお心を知ることができました。レビ記にかぎらず、聖書の難しい箇所を読むときのコツがあります。それは「主語は神さま、動機は愛」です。世界の主人公は神さまです。神さま

は愛のゆえに行動され、私たちから応答を引き出して、歴史を進めてくださるのです。今日の箇所には神さまのどんな愛が記されているのでしょうか。

「モーセはアロンに言った。『祭壇に近づきなさい。あなたの罪のきよめのささげ物と全焼のささげ物を献げ、あなた自身のため、またこの民のために宥めを行いなさい。また民のささげ物を献げ、**主**が命じられたとおりに彼らのために宥めを行いなさい。』」（9・7）

これがどれほど恐ろしいことであったか、アロンの立場になって想像してみると少しはわかると思います。アロンは金の子牛を造った張本人です。あの時に彼は、まるで神さまがいないかのようにふるまったのです。彼はどれほど恐れたことかと思います。神さまに滅ぼされて当然の自分は、人の前にも、神さまの前にも出たくない、出ることができない。そういう気持ちであったと思います。けれども、モーセはアロンを引き出しました。本当はモーセというより、罪あるアロンを引き出したのは神さまでした。ここでも動機は愛です。アロンはそのままでは神さまに近づけません。けれども、神さまはアロンがそのままでいることがないようにと願われました。イスラエルが神に近づくためには大祭司が必要です。神さまは、イスラエルが大祭司を失うことがないように願われました。イスラエルを愛されたからです。惜しまれたからです。それだけでなく、罪を犯したアロンをも惜しんでくださいました。ここに神さまの大きなあわれみがあります。

本来、罪は決して赦されるものではありません。簡単になかったことにできるようなものではないのです。神さまを悲しませ、人を傷つけ、自分を駄目にしていくのですから。けれども、神さまは赦さずにいるにはあまりにあわれみ深いお方です。確かに罪は重いんだけれども、神さまのあわれみの方がもっと重いのです。罪のために神さまに近づくことができない私たちを、そのまま放っておけないのです。

だから、神さまはアロンに入念な準備をさせます。神さまに近づくための準備です。ここでも「主語は神さま、動機は愛」です。神さまが、モーセを通してアロンの備えをしてくださったのでした。その様子が8章で丁寧に記されています。6節に「モーセはアロンとその子らを近づかせ、彼らを水で洗った。」とあるのは、神さまがアロンを洗ってくださったということです。モーセの手を用いて、神さまがアロンの罪を洗ってくださったのです。続く7節に「そしてアロンに長服を着せ……」とあります。水で洗われた裸のアロン。そのアロンにモーセの手を用いて、神さまがふさわしい服を着せてくださったのでした。罪人の着る荒布ではない。神に洗われた者にふさわしい、イスラエルの贅（ぜい）の限りを尽くした祭司の服と胸当て、頭には金の飾りで裸のアロンを装わせてくださったのです。12節では「注ぎの油をアロンの頭に注いだ。こうして彼に油注ぎを行い、彼を聖別した。」とあります。神さまが、モーセを用いてアロンに油を注いで祭司の職に任じてくださったのです。神さまの備えはまだ続きます。

「次に、彼（モーセ）は全焼のささげ物の雄羊を連れて来させた。アロンとその子らはその雄羊の頭に手を置いた。それが屠られると、モーセはその血を祭壇の側面に振りかけた。」（8・18〜19）

神さまが、モーセの手を用いてアロンのために犠牲を備え、ほふってくださったのです。それは何のためでしょうか。

「さらに、モーセはアロンの子らを近づかせ、その血を彼らの右の耳たぶ、また右手の

親指と右足の親指に塗った。モーセはその血の残りを祭壇の側面に振りかけた。」（8・24）

神さまは、モーセの手を用いて血によってアロンを解放し、回復させてくださるのです、すべての罪とその結果から。すると、すばらしいことが起こります。

「あなたがたは会見の天幕の入り口で七日の間、昼も夜もとどまり、主への務めを果たさなければならない。自分たちが死ぬことのないようにするためである。私はそのように命じられたのである。」（8・35）

神さまがアロンを天幕の入り口に置いてくださる。神の箱、神の臨在の場所からわずか10メートルのところに置いてくださる。しかも、打たれないのです。アロンは「七日の間」、神さまが自分にしてくださったことを思い巡らせます。自分が着ている大祭司の装束、神さまがモーセを通して自分を洗ってくださったこと、自分を滅ぼさずに大祭司の備えをさせてくださっていることに思いを巡らします。その中で、自分の罪によって傷つき閉じてしまった心が少しずつ開かれていったのではないかと思います。そこでますます神さまの憐みに心を開かれながら、アロンは子どもたちとともに神さまに仕えます。何と、以前は金の子牛を造った張本人が、今や神さまのあわれみによって、神さまに一番近い「仕え人」とされているのです。そのとき、驚くべきことが起こりました。

「モーセとアロンは会見の天幕に入り、そこから出て来て民を祝福した。すると主の栄光が民全体に現れ、火が主の前から出て来て、祭壇の上の全焼のささげ物と脂肪を焼き尽くした。民はみな、これを見て喜び叫び、ひれ伏した。」（9・23〜24）

神の栄光が現れました。神さまご自身の臨在がイスラエル全員の前に現れたのです。会見の天幕、至聖所から火が出て、天幕の前の祭壇のいけにえを焼き尽くしました。こうして、アロンとイスラエルは神さまに近づきました。これ以上ないほどに近づきました。神に近づくためにアロンは何をしたでしょうか。何もしていません。すべて神さまがしてくださいました。アロンはただ神さまのされるままになっていただけで、全ては神さまが整えてくださったのです。

ここでレビ記に何かはさんでおいてください。新約聖書のヘブル書を見ることにします。ヘブル書8章5節には、レビ記の祭司たちは「天にあるものの写しと影に仕えています。」とあります。写しや影の本体はキリストです。キリストの十字架による救いが、いわば前倒しに旧約時代のイスラエルに罪の赦しをもたらしたと言うのです。キリスト教会はこのように旧約聖書を読んできました。思えばこれは不思議なことです。動物の犠牲を献げた旧約のイスラエルの礼拝と、み言葉と聖餐による新約の教会の礼拝には、ほとんど共通点がないように思えます。けれども、そこを貫いている共通点は「主語は神さまで、動機は愛」です。ですから、神さまはアロンや他の祭司がささげる犠牲をご覧になるたびに、「やがてこのように御子の血は流されるゆえ、わたしは赦す」とおっしゃり、罪人を受け入れてくださったのです。金の子牛を造ったアロンが赦されたのはキリストの十字架のゆえです。頑ななイスラエルが救われたのはキリストの十字架ゆえです。

「イエスは、ほかの大祭司たちのように、まず自分の罪のために、次に民の罪のために、毎日いけにえを献げる必要はありません。」（7・27）

アロンはまず自分の罪のために、続いてイスラエルの罪のために動物のいけにえをささげましたが、それは影に過ぎないので繰り返しささげなければなりませんでした。しかし大祭司キリストのささげたいけにえは、罪のないご自身でした。ご自分をささげてくださった。キリストは大祭司でもあり、いけにえでもありました。神であるキリストが私たちを惜しんで、ご自分を与えてくださったからです。だからもう繰り返す必要がない。一回限りの十字架がすべての人の救いとなったのでした。

このキリストの十字架は事実です。本当に起こったことです。ですから動くことがありません。けれども私たちの心は動きます。信仰には実感がともなう時とそうでない時があるのです。「私は神さまに愛されている、心から神さまをほめたたえることができる」と実感できる時もあります。けれども、祈りが聞かれないように思える時や、何もかもが空しく思える時にはまったく実感がなく喜びが感じられない、そういう時も確かにあるのです。そんな気持ちを味わうのは私たちだけではありません。実は、宗教改革者ルター（Martin Luther, 1483–1546［写真］）も同じように悩みました。彼も救いを実感できないで苦しんだのです。それは「自分の感じることがすべてだ」と思ってしまったからでした。私たちの感じ方はいつも変化します。では私たちの感じ方が変化する時、キリストも変化しているのでしょうか。それは違います。キリストはいつも変わらない存在です。変わっているのは私たちの方なのです。このことに気がついたルターは「救いはわれらの外に、すなわちキリストの内に」と言いました。私たちに実感がなくても、キリストはおられます。こうしてルターはキリストに目を向けることができたのでした。

「そうは言われても」と思うかもしれません。「やはりキリストに目を向ける力がない時だってある」と。しかし戦前の牧師、高倉徳太郎（1885－1934 写真）はしばしば語りました。

「私たちがキリストをとらえなければならないと考えるなら、信仰は弱く、偶然的なものにあやつられやすい。けれども、本当は私たちがキリストにとらえられている。キリストにむんずと掴まれているのだ。」と。（『愛と自由のことば』大塚野百合、加藤常昭編、日本キリスト教団出版局、１９７２年、13頁）

待降節、アドベントが始まりました。ベツレヘムにお生まれになった御子キリストを思い巡らします。イエスさまは何のためにこの世界に来てくださったのか。私たちを「むんずと掴む」ためにこの世界に来てくださいました。主人公である神さまが、愛ゆえに私たちをとらえに来てくださいました。私たちは、しばしば悩みます、「神に近づくために、私たちは何をするべきか」と。答えは「神さまがすでに私たちに近づいてくださっている。近づくだけではなく、私たちをむんずと掴んでいてくださる」です。

神なきがごとくに振る舞った大祭司アロン（モーセの兄。伝統的にイスラエルの祭司の祖と言われています。）神がいないかのごとくに振る舞ってしまう私たち。愛がないために、恐れのために、そんなふうに振る舞ってしまいます。自分の不安をごまかそうとして、持ち物や自分自身を握りしめてそんなふうに振る舞ってしまうこともあります。私たちは、そういう弱さを持っています。それゆえに信仰の実感を持てなくて戸惑っています。けれども私たちは、すでにイエスさまに「むんずと掴まれて」いるのです。このことを、いつも思い出してください。そのように、すでにとらえられているからこそ、ヘブル書の記者は次のように記すことができました。

「ですから私たちは、あわれみを受け、また恵みをいただいて、折にかなった助けを受けるために、大胆に恵みの御座に近づこうではありませんか。」（ヘブル4・16）

自らの罪を思い、けれどもそれを覆ってくださるキリストの愛をさらに思い、ご一緒に聖餐に与りましょう。

神のみ前に生きるために

聖書　レビ記10章1～7節

1 さて、アロンの子ナダブとアビフはそれぞれ自分
の火皿を取り、中に火を入れ、上に香を盛って、**主**
が彼らに命じたものではない異なる火を**主**の前に献
げた。2 すると火が**主**の前から出て来て、彼らを焼き尽くした。それで彼らは**主**の前で死
んだ。3 モーセはアロンに言った。「**主**がお告げになったことはこうだ。『わたしに近くあ
る者たちによって、わたしは自分が聖であることを示し、民全体に向けてわたしは自分の
栄光を現す。』」アロンは黙っていた。4 モーセはアロンのおじウジエルの子、ミシャエル
とエルツァファンを呼び寄せ、彼らに言った。「近づいて行って、あなたがたの身内の者た
ちを、聖所の前から宿営の外に運び出しなさい。」5 彼らはモーセが告げたとおり、近づい

て行き、長服をつかんで彼らを宿営の外に運び出した。6 モーセは、アロンとその子エル
アザルとイタマルに言った。「あなたがたは髪の毛を乱してはならない。また衣を引き裂い
てはならない。あなたがたが死ぬことのないように、また御怒りが全会衆に下らないよう
にするためである。しかし、あなたがたの身内の者、すなわちイスラエルの全家族は、**主**
が焼き殺した者のことを泣き悲しまなければならない。7 また、あなたがたは会見の天幕
の入り口から外へ出てはならない。あなたがたが死ぬことのないようにするためである。あ
なたがたの上には**主**の注ぎの油があるからだ。」それで彼らはモーセのことばどおりにした。

待降節第二主日の礼拝にようこそいらっしゃいました。先週は、大祭司アロンとその子らが自分たちの罪と民の罪のために贖いのいけにえをささげた時、主の栄光、神さまのご臨在が現れ、ささげられた動物が火で焼き尽くされたことを見ました。ところがその直後、今日読んでいただいたレビ記10章では、アロンの子、長男と次男のナダブとアビフという二人の息子が、神さまが命じたのとは違うやり方で火をささげた。その結果、二人が焼かれて死んでしまうということが出てきます。先週の素晴らしい恵みから一転、今週は悲劇が起こります。

こういう聖書の箇所というのは、私たちを恐れさせます。異なる火というのがどういう過ち

かもよく分かりませんし、何だか些細なことのように思える。神さまは私たちの些細な過ちを厳しくお咎めになって、私たちを滅ぼすお方なのだろうか、と思ったりもします。しかし、先週も申し上げましたが聖書を読むにはコツがある。それは、主語は神さまで動機は愛だということです。アロンというのは金の子牛を造った張本人ですよね。その大きな罪を赦されて、大祭司として務めることを許された。そしてアロンがその務めを果たしたときに神さまの栄光が現れた。そういう大きなあわれみを皆が見たわけです。あの金の子牛の事件にもかかわらず、アロンが今、人びとの前で大祭司として立ち、両手を挙げて祝福を乞う。神さまがその祝福を「そうだ、それでよい」と裏書きしてくださるかのように、栄光を見せてくださった。人々はそんな神さまを賛美する、そういう喜びに導かれたのでした。

ところが、アロンの子のナダブとアビフは神さまを軽んじた。軽んじたというのは儀式を軽んじたというよりも、結局は神さまの愛を軽んじた。父親のアロンと自分たちを赦し、祭司として立て、そして民に対する祝福の基（もとい）として用いてくださった神さま。罪を赦し、使命に遣わしてくださったその神さまの愛を軽んじた。彼らが軽んじたのは儀式じゃなかった、神さまの愛だったということが問題でした。これは決して些細な事ではない。神さまの愛を軽んじることは彼らにとって致命的なことだったし、彼らが仕えるべき民に対しても致命的な誤りでした。

それによって民が神さまを、神さまの愛を軽んじることになったかもしれないのです。そういうことがないように、神さまはお心を痛めながらも、さばきを下さなければならなかった。神さまが怒りをもって、憎らしいと思ってさばいた、ということでは全然ない。心を痛めながらさばかれた。

このとき、モーセはアロンに言いました。

「モーセはアロンに言った。『主がお告げになったことはこうだ。「わたしに近くある者たちによって、わたしは自分が聖であることを示し、民全体に向けてわたしは自分の栄光を現す。」』アロンは黙っていた。」（10・3）

神さまに誰かが近づくならば、神さまはそこに栄光を現すとおっしゃった。二通りの近づき方が9章と10章にある。9章では、アロンのように神さまの愛を大切にして近づく近づき方。もう片方には、アロンの子のナダブとアビフのように、神さまの愛を軽んじながら近づく。その両方を通して神さまの栄光は現われる。一方は神さまの愛を大切に近づく者。そういう人であるならば、そこに神さまの愛に満ちたご臨在が現れる。神さまがご自分の愛を表してくださる。

そのように祝福された者は、他の人に祝福を取り次いでいくことができます。反対に、ナダブとアビフのように神さまの愛を軽んじながら近づくならば、やはり神さまの栄光は現れるけれども、神さまがここにおられることがとても厳しい形で表される。神さまは愛をとても大切になさるから、愛を軽んじる者をそのままにはしておかれない。心を痛めながらもさばかれる。愛を軽んじる者は神さまのご臨在があるところに一緒にいることができないから、焼き尽くされてしまう。そういうことが起こった。神さまの栄光は、神さまに近づく者に二通りに現れる。赦しとして現れるか、あるいはさばきとして現れるか。いずれの動機も憎しみではない。やはり動機は愛なんですね。

それにしてもアロンの二人の子らはどうして神さまの愛を軽んじてしまったのか。悪意を持ってわざとしたわけではなさそうです。しかし、やはり愛を大切にしなかった。それには理由があるだろうと思います。神さまのこれまでの彼らに対するお取り扱い、彼らをどのように扱うか、罪を犯したとき、そして悔い改めたとき、どのように赦して、愛して、立たせてくださったかに思いを巡らすことをしなかった。祭司にとって一番大切なものは何なのか。それは神の愛に思いを巡らし、神さまの愛を一番大切にすること。それを大切にしなかった。このことは確実でしょう。

ある哲学の先生が学生たちの前にガラス瓶を持ってきた。最初、そこに大ぶりな石を入れ始めた。それが石でいっぱいになって学生たちに「この瓶はもう一杯ですか？」と聞いたら学生たちは「もう一杯で入りません」と答えた。次に小ぶりな石を持ってきてそれを入れ始めた。すると大きな石はもう入らないけれども、大きな石と大きな石の間に小ぶりな石だったら入っていく。そうして先生が学生に「もう一杯ですか？」と聞くと学生たちは「もう一杯です」と答えた。すると今度は砂を持ってきて、また入れ始めた。すると砂は小ぶりな石の間に入っていくのでかなりの量の砂が入っていく。そこで教授は尋ねるわけです。「でも、この順番が逆だったらどうでしょうか？」と。最初に砂を入れたら砂でいっぱいになるから、もう何も入らない。この大きな石が大切なものだと考えてみてください。あなた方の思いは、あなた方の生活は、一番大切なものを一番大切にしていますかと。そうじゃなかったら、どうでもいいことを先に始めたら、どうでもいいことを一生懸命やったら、一番大切なことは後からは入れることができない。その先生はそう語ったのです。

私たちにとって一番大切なものは何だろうか。神さまの愛を知り、その中にいること。やはり一番大切なものを一番にしなかったことが、アロンの子どもたちが誤りを犯した原因だと思います。それは決して些細なことではなかった。

モーセがアロンに語った時、アロンは黙っていた。それはそうだろうと思います。何と答えればよいのか…。悲しみの中で厳しいさばきを受け入れるしかなかったと思います。アロンは黙っているんです。ところが神さまは黙っていないですね。

「**主**はアロンにこう告げられた。『会見の天幕に入るときには……』」(10・8)

神さまが語り始められた。アロンは黙っている。でも「会見の天幕に入るときには」というのは、あなたは大祭司としての仕事、この務めを続けなさいということです。あなたは続けて良い。あなたはわたしの祭司として生き続けるのだとおっしゃった。黙っているのはアロン。主語である神さまが語っておられる。愛という動機によって語っておられる。神さまは生きておられる。生きておられる神さまは黙っておられない。私たちに語りかけてくださっている。その語りかけを、私たちは一番大切なものとして聞き続けているだろうか。

「まことに、まことに、あなたがたに言います。羊たちの囲いに、門から入らず、ほかのところを乗り越えて来る者は、盗人であり強盗です。しかし、門から入るのは羊たちの牧者です。門番は牧者のために門を開き、羊たちはその声を聞き分けます。牧者は自分の羊たちを、それぞれ名を呼んで連れ出します。羊たちをみな外に出すと、牧者はその先頭に立って行き、羊たちはついて行きます。彼の声を知っているからです。しかし、ほかの人には決してついて行かず、逃げて行きます。ほかの人たちの声は知らないからです。」

（ヨハネ10・1～5）

イエスさまの声を知っている者はイエスさまについていく。私たちは皆、イエスさまの御声を知っていると思います、耳で聞いたということでなくても。聖書のみ言葉によってイエスさまの愛の語りかけを聞いて、私たちはクリスチャンになった。だから、イエスさまの声を聞いたら分かる。イエスさまの愛の口調を聞いたらわかる。「そういった語りかけ、そういうイエスさまの声に最近ちょっと自分は鈍くなってるな」と思う方がおられるかもしれない。もしそうだったら、やはり聖書からイエスさまの御声を聞きたいと思います。聞けば聞くほどその声を良く知るようになる。聞き分けることができるようになる。礼拝や聖書の学びと祈り会で、み言葉を聞き、共に祈るのはとても大切なことだと思います。神さまの愛の語りかけを聞く、神さまの御声を聞く。そうしたら、その声がよくわかる。主イエスについて行くことができます。

礼拝で聖書のみ言葉が語られます。語っているのはもちろん牧師という人間。牧師の務めは聖書のみ言葉を語るということです。ですから牧師にとって「良いお話を聞きました」と言われるのはとても複雑な思いです。ひょっとしたら、恥ずかしいことかもしれないとも思います。でも「良いお話」じゃなくても、ぎこちない語り口であったとしても、あまり面白くなくても、まあ面白くてもいいのですが、そこで神さまの言葉が聞かれるならば、それで牧師はなすべき第一のことを果たしたことになるのです。牧師たちが神の言葉をいつも語ることができるように、聖書の言葉を宣言することができるように、「神さまはこのように私たちに語ってくださっている」とお伝えすることができるように祈っていただきたいと思います。また教会に集われる皆さんが、神さまの愛の御声を聞き取ることができるようにいつも祈っていきたいと思います。

さて、最初のクリスマスにも神さまは愛の御声をもって語ってくださいました。御子イエス・キリストによって語ってくださった。

「さて、その地方で、羊飼いたちが野宿をしながら、羊の群れの夜番をしていた。すると、主の使いが彼らのところに来て、主の栄光が周りを照らしたので、彼らは非常に恐れた。」

（ルカ２・８〜９）

ここにも主の栄光が現れた。羊飼いたちに。その主の栄光の中心はどこにあったのか。

「御使いは彼らに言った。『恐れることはありません。見なさい。私は、この民全体に与えられる、大きな喜びを告げ知らせます。今日ダビデの町で、あなたがたのために救い主がお生まれになりました。この方こそ主キリストです。あなたがたは、布にくるまって飼葉桶に寝ているみどりごを見つけます。それが、あなたがたのためのしるしです。』」（ルカ２・10〜12）

野原に現れたこの主の栄光の中心にはどなたがおられたのか。それは赤ちゃんでした。神である主イエス・キリスト、子なる神が人となってこの世に来てくださった。でもその姿は赤ちゃんだったわけです。赤ちゃんというのはとても無防備で、他の人が好きなようにすることができる。赤ちゃんはすぐに壊れてしまう。だから赤ちゃんを見て抱きしめることもできれば、傷つけることもできる。神さまが、子なる神がそんな無防備な赤ちゃんになってくださった。そしてご自分を差し出してくださった。「あなたにはこの神の子キリストを抱きしめることもできるし、傷つけることもできる」と言って差し出してくださった。「わたしは独り子を惜しまないほどに私たちを愛する。」そのように語ってくださった。

ですから、最初のクリスマスにお生まれになった赤ちゃんであるイエスさまの姿を通して神さまは語っておられます。この赤ん坊を、このキリストをあなた方に与えると神さまが語ってくださった。やがてこの赤ちゃんは成人し、十字架の上で再び無防備な姿を見せてくださることになります。血を流されたその姿に神さまの栄光が現れた。アロンとその子らに現れたように、神さまの栄光が現れた。でもレビ記とは違うところがあります。それはレビ記の場合は、神さまの愛を大切にしたアロンは祝福を受け、神さまの愛を大切にしなかったアロンの子らはさばきを受けた。でも十字架では反対のことが起こっている。神さまの愛を大切にしたイエスさまがさばきを受け、神さまの愛を大切にしなかった私たちが赦されているということが起こりました。

信仰を持つ前は、神さまの愛を軽んじて生きてきた私たちだと思います。そして今も、ともすると神さまの愛を軽んじてしまうことがある私たち。なぜそうなのだろうと悲しくなりますが、やはり神さまを知らず、父を知らない孤児のように自分の力で何とか生きていこうとしてきたために、愛を軽んじるようになってしまった。でも神さまはそういう私たちを受け入れてくださって、愛し続け、育んで、私たちが愛されていることをわからせてくださった。今もわからせ続けてくださっている。今もなお、しばしば神さまの愛を軽んじる私たちに、神さまは忍耐強く聖書のみ言葉を通して語りかけ続けてくださっている。

「この世と調子を合わせてはいけません。むしろ、心を新たにすることで、自分を変えていただきなさい。そうすれば、神のみこころは何か、すなわち、何が良いことで、神に喜ばれ、完全であるのかを見分けるようになります。」（ローマ12・2）

ここは新改訳2017になって大分変わったところです。ここも良い訳だと思います。これまでは「自分を変えなさい」とあった。でもここでは「自分を変えていただきなさい」と変わっている。私たちには自分を変えることはできないけれども、神さまに変えていただく。神さまが主語なんです。神さまが私たちを変えてくださる。動機は愛です。私たちを愛するゆえに、神さまが私たちを変えてくださる。

「この世と調子を合わせてはいけません。」この世と調子を合わせるとはどういうことなのか。お酒を飲んだり、罪を犯したりすることか。それもあるかもしれないけれども、もっと根本的なことは神さまの愛を軽んじることです。この世は神さまを知らない。その愛を知らない。知ろうともしない。神さまの愛を軽んじている。でもこの世と調子を合わせてはいけない。神さまの愛を軽んじてはいけない。

「むしろ心を新たにすることで、自分を変えていただきなさい。」心を新たにするとはどういうことか。日々心を新たにする、日々神さまの愛の語りかけに心を開き続ける。今日も明日も、心を新たにして、神さまの愛の語りかけに心を開き続ける。そうすると何が起こるか。神さまが自分を変えてくださる。心を新たにするならば、日々神さまの愛に心を開き続けるならば、神さまが私たちを変えてくださる。すでに私たちは変えられているし、また変えられ続けている。どう変わるのか。

「そうすれば、神のみこころは何か、すなわち、何が良いことで、神に喜ばれ、完全であるのかを見分けるようになります。」神さまのみこころとは何か。神さまの愛を知り、神さまの愛を大切にし、その愛の中で愛のために生きること。それが神のみこころ。何が良いこと、何が神に喜ばれて、何が神の前に完全であるのか。それは神さまの愛を知り、愛を大切にし、愛の中に生き、愛を注ぎ出すこと。神さまのみ前に生きるために私たちは何をするべきなのか。変えていただくために私たちのするべきことは、ただ日々心を新たにすることです。

神さまの愛の語りかけに、心を開き続ける。それによって変えられていく。ひょっとしたら「でも私は神さまの愛の語りかけがよく分からない」という方がおられるかもしれない。クリスチャンになった時にその語りかけを聞いたでしょう、と言われても、そのことも今ではあやふやだ、とそのように思う方がおられるかもしれない。もしそういう方がおられたら、是非牧師を訪ねていただきたいと思います。一緒に聖書を開いて、一緒にイエスさまの語りかけ、愛の語りかけを聞かせていただきたいと思うんです。決して遠慮なさることがないように。牧師の一番大切な務めはそこにあると思います。

去年の八月以来、私は長いトンネルの中に入ったようなところを通ってきました。自分でもおかしいと思いましたが、毎日現実感がなく、フワフワして神さまが遠くに感じられる。霊的なスランプとはこういうものなのかと思いましたが、そこに入り込んでしまった。毎週、礼拝の説教に立つんだけれども、何とか自分を奮い立たせて語って、語り終えるとまたトンネルの中に戻っていくような。ずっとそういうのが続いていました。皆さんもお気づきだっただろうと思います。ご心配くださり、そして祈ってくださった。本当に感謝です。恐らくはその中で、今の牧師には負担になるのではと思ってご自分の霊的な事、信仰の事をお尋ねくださるのを遠慮なさった方も随分おられたかもしれないこと、とても申し訳ないと思います。

先月11月18日の日曜日の朝早く祈っていました時に、み言葉が私の心に浮かびました。そのみ言葉を最近読んだというわけでもないんです。そのことを考えていたわけでもないんです。ただ、ぱっと心に浮かんだ。耳に聞こえたわけでもない。心に浮かんだ。それはヨハネの福音書11章のラザロのよみがえりの部分です。

「信じるなら神の栄光を見る、とあなたに言ったではありませんか。」（ヨハネ11・40）

その時、私は「ああ、神さまが語ってくださったな」と思いました。そして私は「これで立ち上がることができる」と思った。神さまが語ってくださるならば私はやっていけると思いました。

私はこういう証しはあんまりしないほうだと思います。こういう個人的な体験をお話しすると、それだけが独り歩きすることがよくあるからです。私もそうですが、人間は弱いですから、他の人の霊的なお証し、恵みのお証しなど聞くと「自分はどうだろう、自分にそんな体験があるだろうか」とすぐに考えてしまう。そうすると神さまよりも、自分自身に目が向いてしまうということが良くあります。だから今日のこの証しも「大頭牧師にそういう必要があって起こったこと」であると、上手に聞いていただきたいと思います。普段は、神さまは聖書を通して、じっくりと語ってくださる。時間をかけて、ご自分を知らせてくださる。神さまはどのようなお方であるか、そしてどのような愛を注いでくださっているか。聖書を読むうちにじっくりと分かっていくというのが通常の形、健全な形であると思います。私もいつもそのように神さまからの語りかけを聞いています。今回のようなことはごく稀です。そういう体験を願っていたわけでもないんです。でもやっぱり神さまは生きておられるお方であって、神さまは私たちの想像を越えたお方ですから、不思議なことをなさることもある。今回も私に不思議な励ましを与えてくださった。

なぜこのことをお証ししたかというと、だから遠慮なくお尋ね頂きたいということです。ともに生きておられる神さまのみ言葉を聞き、ともに祈りたいと思います。それが明野キリスト教会の牧師として立てられている私の最も大切な仕事であると思います。みなさんの牧師として、そのように神さまの愛の語りかけをご一緒に聞くという働きをさせていただきたいと願っています。

神に赦されるために

聖書　レビ記16章29～34節

29 次のことは、あなたがたにとって永遠の掟となる。第七の月
の十日には、あなたがたは自らを戒めなければならない。この
国に生まれた者も、あなたがたの中に寄留している者も、いか
なる仕事もしてはならない。30 この日は、あなたがたをきよめようと、あなたがたのために宥
めが行われるからである。あなたがたは**主**の前ですべての罪からきよくなる。31 これがあなた
がたの全き休みのための安息日であり、あなたがたは自らを戒める。これは永遠の掟である。32
油注がれ、父に代わって祭司として仕えるために任命された祭司が、宥めを行う。彼は亜麻布
の装束、すなわち聖なる装束を着ける。33 彼は至聖所のための宥めを行い、また会見の天幕と
祭壇のための宥めを行う。彼はまた、祭司たちと集会のすべての民のための宥めを行う。34 以
上のことは、あなたがたにとって永遠の掟となる。これは年に一度イスラエルの子らのために

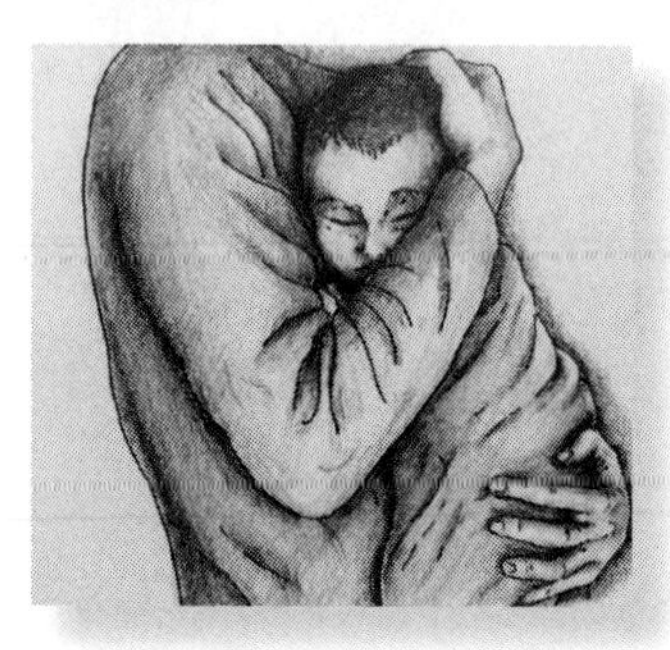

行われる、彼らのすべての罪を除く宥めである。」モーセは主が命じられたとおりに行った。

アドベント、クリスマスを待ち望む第三の日曜日の礼拝にようこそいらっしゃいました。今日もレビ記という、今から３５００年ほど前に書かれた箇所が開かれています。ここには不思議なことが記されています。古代イスラエルにおいて、年に一回の「贖罪（しょくざい）の日」、つまり「罪の贖（あがな）いの日」という日が守られていました。これは一年中で一番大切な日とされていました。今でもイスラエルでは「ヨムキッパーの祭り」といって大きな祭りの日とされています。１９７３年に勃発した第四次中東戦争では、この日を狙ったアラブ諸国の奇襲攻撃にイスラエルが大敗を喫したという特別な日です。

３５００年前、この贖罪の日にはイスラエルの人々全員が断食をし、自分の罪を告白し、悔い改めました。そのとき、イスラエルの代表として「大祭司」と呼ばれる人が神殿の原型である幕屋に入り、民を代表して「私たちの罪を赦してください」と神に祈りました。

ですから贖罪の日は、罪によって縁遠くなって隔てられてしまった神と人とが、その隔てを縮め、関係を回復するために持たれていたわけです。もちろん、動物を殺しても、犯した罪がそれでなくなるというわけではありません。それにもかかわらず、神さまはどうして年に一度動物を殺すように、そして自分の罪の赦しを願うようにとお命じになったのでしょうか。

現在のキリスト教会ではそういうことはしていません。それは、私たちの救い主であるイエス・キリストがこの世に来てくださったということに答えがあります。罪を犯した人々がいつまでもその罪を心の中で気に病んでうつむいたままで、しゃがみこんだままでいることがないように、神さまがイエス・キリストにおいて本当の罪の赦しを与えてくださいました。

今から2000年前にイエス・キリストがお生まれになるまではその代わりとして、とても足りない代わりですけれども、動物犠牲が行われていました。神さまは動物犠牲を命じられたときにも、これでは足りないということをよくご存知でした。「これでは足りないから、やがてその足りない分を私自身がきちんと支払う。私自身が人が犯したすべての罪の贖いをする。そのことの約束として、しるしとして、今は動物を捧げなさい」と、そのようにおっしゃいました。

神さまは、どのようにして動物の犠牲の全然足りないところを埋めてくださるのでしょうか。それが、イエス・キリストの十字架です。私たちはこういう旧約聖書のレビ記のようなところを読むときに「なんだか全然自分たちの感覚には合わない話だな、動物を殺すってどういうことだろう」と思うわけですけれども、こういう箇所を読むときにはイエス・キリストの十字架といつもワンセットで考えるといいわけです。罪の赦しを与えるのはキリストの十字架なのです。ですから、そういう意味では、当時のイスラエルの人たちもそれとは知らないでキリストによる十字架の赦しに与っていたわけです。古代のイスラエルの人の罪を赦すのも、私たちの罪を赦すのもキリストの十字架です。動物の犠牲は、そのしるしに過ぎないということです。

もう一箇所、聖書を開きたいと思います。

「雄やぎと雄牛の血や、若い雌牛の灰を汚れた人々に振りかけると、それが聖なるものとする働きをして、からだをきよいものにするのなら、まして、キリストが傷のないご自分を、とこしえの御霊によって神にお献げになったその血は、どれだけ私たちの良心をきよめて死んだ行いから離れさせ、生ける神に仕える者にすることでしょうか。」

（ヘブル９・13～14）

面白い言葉が出てきます。「死んだ行い」とは、何でしょう。死んでいる人にはいのちがないということです。死んでいる者は喜びを生み出すこともできません。ですから「死んだ行い」というのはいのちのない行い、喜びのない行いのことです。自分「が」喜ぶことも自分「を」喜ぶこともなく、人を喜ばすこともできない。いのちを生み出すことも、いのちの生き生きとした喜びを味わうこともない、そういう行いです。例えば、分かりやすいところでは淫らな行いとか、貪欲な行い、そういったものも「死んだ行い」でしょう。でもそういう目に見えて分かる「死んだ行い」をしているわけではないけれども、自分の毎日の行いの中に何かいのちがないな、私の生き方の中に何か喜びがないな、そういうふうに感じることがあると思うのです。死んだ行い、つまり生きていない行い。それを生み出すのは死んだ生き方ですね。死んだ生き方というのもまた不思議な言葉です。生きているのに死んでいるような、そういう死んだような目をしている、死んだような生き方をしている、そういう事があると思うのです。

「三つの大切」 今日はこの言葉を覚えていただきたいと思います。「三つの大切」というものがあって、それを忘れると死んだ生き方になってしまう、「死んだ行い」をしてしまうのです。「三つの大切」というのは、① 神を大切にする、② 人を大切にする、③ そして自分を大切にする、この三つを大切にすることです。ところが私たちは「神さまを大切にしなさい」とか「他の人を大切にしなさい」と命令されたからといって、そのようにはできません。そのようにしたいとも思わない、というのが私たちの姿だと思います。

インドで貧しい人々に仕えたマザー・テレサ（Mother Teresa, 1910－1997 写真）という人がこのように言っています。「神がいかにあなたを愛しているかを知ったとき、あなたははじめて、愛を周りに放つことができます。」あなたが愛することができるのは、あなたが愛されているということを知った時なのです。自分が愛されているということを知って、初めて愛することができるんだということです。「三つの大切」なものを愛するために、私たちは自分が神さまから愛されていることを知る必要があります。愛するとは、大切にするということです。私たちは神さまから大切にされているということを知る必要がある。それを知ったら「三つの大切」を大切にすることができます。

あるときこのマザー・テレサのところに、ミルクを受け付けない赤ちゃんが連れて来られました。赤ちゃんが何かの事情で病院や施設のようなところに預けられ、抱きしめられたり話しかけられたりすることがなかったりすると、ミルクを飲まなくなってしまうことがあるそうです。マザー・テレサはその赤ちゃんが来た

時、一人のシスターを呼んで、一つのことを頼みました。それはこの子をずっと抱きしめ続けてくださいということだったそうです。頼まれたシスターはなかなか大変だったと思います。けれども、何日も何日もこの赤ちゃんを抱きしめ続けました。すると、やがてこの赤ちゃんがミルクを飲むようになったというのです。この赤ちゃんは何か頭で考えたわけではないでしょう。でも抱かれているうちに、自分が大切にされているんだということを肌で感じたのかもしれません。

人間というのは本当に繊細で、そして壊れやすいと思います。機械的にオムツを替えられてミルクを差し出されるだけではだめなんです。そこで自分が愛されている、自分がいて欲しいと思われている、自分がいることを喜ばれている、大切に、大切に思われている。人間は生きていくため、また成長していくためにそんなことを感じるのが必要だということです。それは赤ちゃんだけの話ではありません。私たちも皆、自分が大切にされているということが分かって初めて、心の内に芽生えるものがあります。この赤ちゃんはミルクを飲み始めた後、どうなったのでしょうか。やがて自分を抱きしめ続けてくれたシスターに微笑みかけるようになったかもしれません。そうだとしたら、素晴らしいなと思うのです。

私たちが神さまに愛されているということを知るというのは、この赤ちゃんが抱きしめられて初めて愛されていることを知ったように、理屈ではありません。目には見えない神さまですが、その神さまが私たちを大切にしてくださっている、そのことを私たちが知る必要があります。感じる必要があります。何とかしてわかる必要があります。また神さまがわからせようとしてくださっています。

神さまはどれほど私たちを大切にしてくださっているのでしょうか。そのために御子イエス・キリストを私たちに与えてくださいました。何のためでしょうか。罪を赦すためです。でもそれだけではありません。死んだ目をした私たちを、死んだ生き方から解き放つために、御子イエス・キリストを私たちに与えてくださいました。私たちがいのちある生き方、喜びのある生き方、大切にしたりされたりする生き方を生きるために、御子イエス・キリストを十字架にかけてくださいました。ですから、そういう意味で、神さまは御子キリストと私たちのどちらを選ばれたかといえば、私たちを選んでくださったのです。どちらを大切にされたかといえば、私たちを大切にしてくださったのです。もちろん、平気でそれをしてくださったわけではなくて、心を痛めながらも御子を十字架にかけて、この私を大切にしてくださいました。

このことが分かると私たちに「三つの大切」、大切な愛が生まれてきます。神さまを大切に思うようになります。「神さまなんて私には関係ない」、今まではそういうふうに思っていたんだけれども、「神さまは私たちを抱きしめてくださる、そういう大切なお方なんだ」と思うようになります。また周りの人たちも、私が競争しなければならない相手とか、あるいは都合のよいときだけ利用する相手ではなくなります。「互いに大切にし合うために神さまが与えてくださった仲間なんだ」と思うように変えられていきます。私たちの家族も、友人も、近所の人たちも、お互いそういうことに気がついていないかもしれないけれども、神さまが与えてくださった仲間です。大切にしたりされたりすることが必要なのです。

そうは言っても「あの人は自分に突っかかってくるような、あるいは自分を苦しめたりする、そういう人だ」って思うことが私たちにはよくあります。でも確かに、そういう人もまた、やっぱり神さまが仲間になるために与えてくださった相手なのです。その人もまた、自分が大切にされているということに気がついていないから、相手をやっつけたり、利用したりして自分を守って生き延びなければならないと思っているかもしれないのです。かつての私もそうでした。でも、そういうふうに突っかかっていく悲しい心は「死んだ行い」です。でもそんな人間関係にも、神さまは違いをもたらすことができます。遅すぎるということはありません。いくつになっても神さまはそこを変えることができるのです。互いを大切にし合うことを、私たちに与えることができます。そして自分を大切にするということが始まります。

自分を大切にするというのは、自分のやりたいことを全部やるということではありません。本当に自分を一番大切にするということは、自分の本当の満足を得ることだろうと思います。先ほど、人間は本当に繊細な生き物だ、壊れやすい生き物だと申し上げました。それと同時に、人間は尊い生き物でもあります。人間は何を飲んでも、何を食べても、何を買っても、何を手に入れても、それで満足することができません。この人を愛して自分を与えていくとき、この人を大切にすることができたとき、そしてそれによってこの人が本当に喜ぶ顔を見れたとき。そういうときに、私たちは本当の満足を得ることができます。自分を大切にするということは与える生き方をするということ。そういうことができるようになるということが自分を大切にするということです。「神さまを大切にする。人を大切にする。自分も大切にする。」それは本当に自由な、解き放たれた、生き生きとしたいのちの生き方なのです。

そうじゃない生き方というのはまるで牢獄に捕らえられたようなものです。自分などはつまらない人間だと思い、周りの人間もつまらないと思い、どうせ神さまなんかと思うような生き方です。そのように生きていく生活に比べると、いのちの生き方には本当に大きな自由が、大きな喜びがあります。神さまの愛は私たちにはなかなか分かりません。なかなか分からないのです。時間がかかります。クリスチャンになった後でも段々にしか分かりません。でも、神さまは忍耐強いお方です。そんなふうになかなか愛が分からない私たちを、何日でも、何年でも、何十年でも抱きしめ続けてくださるのです。そして私たちに愛を分からせてくださるのです。

もう一箇所、新約聖書を開きたいと思います。先週も開きました、ルカの福音書の2章です。

「さて、その地方で、羊飼いたちが野宿をしながら、羊の群れの夜番をしていた。すると、主の使いが彼らのところに来て、主の栄光が周りを照らしたので、彼らは非常に恐れた。」（ルカ2・8～9）

この箇所からある牧師が語った有名なクリスマスの説教があります。おそらく日本語で語られた説教の中では、一番有名な説教じゃないかと思います。その牧師はこういうふうに語るのです。「暗い夜道を歩いている。そしたら、すぐそこにある家のドアが開く。その開いたドアから家の中の明るい光が溢れ出してくる。あたりが一瞬明るくなる。そして、家の中の話し声や笑い声、賑やかな会話とか、そういうものが聞こえてくる。やがて開いたドアから、一人の人が送り出されて出てくる。するとドアが閉まって、夜道はまた元の、暗い、静かな夜道に戻る。ドアから出てきたその人は、やがて暗闇の中へ歩いて行って消えていく。」

目の前に情景が浮かんでくるような説教ですけれども、ここで言われている家というのは天のことです。天というのは、空のことではありません。神さまの領域のことです。それが家です。そして暗闇というのはこの世界です。クリスマスに何が起こったのでしょうか、羊飼いたちは何を見たのでしょうか。天のドアが開くようにして、天に裂け目が現れるようにして、そこから神さまの領域にある喜びやいのちの光が地上を照らした、それがクリスマスです。裂け目から天を覗き見るというよりは裂け目から天の光が溢れ出しました。羊飼いたちはそれを一瞬見ました。裂け目を通って、ドアを通って出てきたのはイエス・キリストです。そうしてイエス・キリストはこの暗い世界の中に生まれ出てくださいました。神さまの領域と私たちの世界の間に、ドアが開くように裂け目ができました。イエス・キリストは神さまの領域に、安全で明るく楽しい領域に留まろうとするのではなくて、この世界に生まれ出て来られることを選ばれました。

私たちを抱きしめるため、暗闇の中にいた私たちを抱きしめるため、「三つの大切」を忘れてしまった私たちを抱きしめ、それを思い出させるために、イエス・キリストは裂け目を通って、神を知らないこの世界に入り込んでくださった。天から地へ、光の中から暗闇の中へ生まれ出てくださいました。クリスマスはキリストの降誕を祝う日です。神さまのおられる場所を天と言うならば、この地上は神さまがおられる場所ではないはずです。しかし、まるで天を裂くようにして、キリストが暗いこの世界に来てくださったのです。

「アドベント」は、日本語では「待降節」と言います。イエス・キリストが降臨するのを待つ、生まれるのを待つというふうに書きますけれども、「向こうから立ち現れてくる」というのがアドベントの本当の意味です。ですから実のところは、私たちが待つということに重点があるのではなくて、イエス・キリストが向こうから立ち現れてくる、向こうからやってくるというところに重点があります。それが、アドベントです。イエス・キリストは私たちを大切にするために来てくださった。この暗い世界にドアを開けるように、裂け目を作るようにして、こちらに来てくださったのです。

ところが天の輝きと対照的に、地上は暗く静かでした。新聖歌70番「朝日は昇りて」には「天地しらす主　世に現る　よろずのもの皆　どよみ歌え」とあります。「天地しらす主」とは「統治する、統べ治める」主のことです。天地を全て治めておられる神さまが世に現れました。だから「よろずのもの皆」、創られたすべてのもの皆、「どよみ」とは音響の「響」という字に「み」と送って「どよみ」と読ませるんですけれども、要するに「創られた全てのもの皆、大声をあげて歌いなさい」という讃美歌です。でも地上の者はそのとき歌わなかったのです。

イエス・キリストが生まれた当時の王様、ヘロデ王は「新たな王が生まれたのならば自分の王位を奪われるかもしれない」と恐れ、キリストを殺そうとしました。「どよみ歌う」どころか、キリストを殺そうとして近隣の赤ちゃん、二歳以下の赤ちゃん全員を皆殺しにしたのです。この世の闇というのはそんなにも深いものです。神が生まれ出ても、その神を殺してしまおうとするほどにこの世界は闇が深いわけです。今もこの世界は、どよみ歌っていません。まだそこに至っていないのです。私たちもいつもはどよみ歌っているようであっても、ときに心から歌が消えることもあると思います。私たちの鈍さが、私たちを神に対して無関心にさせます。神さまに積極的に敵対するというのではなくても、色々な気晴らしが私たちの心を神さまから逸らせてしまいます。テレビを見たりスマホをいじったりしていると、あっという間に時間が経っていきます。そんなふうにして気を紛らわせているうちに、神さまに目を留めることをしないで、暗闇の虜となってしまいます。神さまに抱きしめられているのに、クリスチャンである人もそうでない人もそれを忘れてしまうのです。そして忙しく立ち働くうちに、自分の悩みは自分だけで解決しなければいけないと必死になってしまいます。

でもすでに、この世界に救い主は現れました。2000年前にもうすでに現れました。キリストは来てくださったのです。私たちの救い主になってくださったのです。本当に来てくださいました。「この救い主に目を向けたい。目には見えないけれども心を向けたい。」そう思っていながら、もうすでに来られているお方がまるでまだ来られていないかのように振舞うならば、それはとても悲劇的なことだと思います。

この羊飼いたちは、当時の世界ではとても差別された人たちでした。この頃ユダヤでは人口調査が行われていましたが、当時の社会では、羊飼いは人口調査の対象にも入っていませんでした。そういう人たちだったから彼らは、「自分たちなんて神さまに関係ないんじゃないか、とてもじゃないけれど神さまの前に立つことができないんじゃないか、イスラエルの人たちは神殿に行って犠牲を捧げて神さまを礼拝するけれども、自分たちはそういうこともできない、神さまから見放された人間じゃないか」と思っていただろうと思います。

キリストが現れたのは誰に対してであったでしょうか。自分たちのことを信心深いと思っていたユダヤ人たちに対してではありませんでした。自分など神の前に立つことなどできないと思っていた羊飼いに現れてくださいました。そして彼らは神を崇め、賛美しました。自分には値打ちがないと思っている人は幸いです。自分は本当に神さまの前に立つことなど、神さまに大切にされる値打ちなどないと、そのように悲しんでいる人は幸いです。悲しんでいるものは幸いです。なぜなら、キリストがその人に現れ、その人を救い慰めてくださるからです。私たちが今、自分は惨めだ、自分には救いや変化が必要だと感じているならば、それは幸いなことです。とてもそうは思えないのですが、そうなのです。他の人はいいな、他の人のようだったらいいのに、自分は本当に惨めだ、世界で一番惨めだと思ってしまうことがあります。でもその時こそ、キリストが一番近い時です。これは本当のことです。

私たちが自分のことを惨めだと思う時に必要なことは、自分はこうだからダメなんだ、あだからダメなんだと、自分をいじめて永遠に思いを巡らすことではありません。そうではなくて、そんな自分を抱きしめ続けてくださっている御方がいるということにふっと思いを巡らすこと、ふっとそのことに心を向けることです。自分が罪あるものであり、自分の手に負えない問題を抱えていると感じるとき、私たちは本当に神に近いのです。神さまが近づいて来てくださっているからです。そういうとき、キリストがまだ来られていないかのように、暗闇の中で気を紛らわせているのはもったいないことです。「そんなのもったいない。神さまなんかいらない」と言って取り繕うことこそもったいないことです。そこにこそキリストが来ておられるからです。「主よ、救ってください。主よ、助けてください。「死んだ行い」から私を解き放ってください。あなたのいのちを与えてください。」そのように自分のありのままを告白し、助けを求めるべきだと思います。

キリストは、このクリスマスにお生まれになり、やがて大人になると人々を癒したり、また教えたりということを始められます。その頃ツァラアトという病に犯された人々がいました。この病がどういうものであるのか、今ではよくわからないですけれども、「ツァラアトにかかった人には誰も触れてはいけない」、そう言われていた病でした。ところがイエス・キリストはそういう人に会うと、彼らに触られました。「触れてはいけない」と言われているその人に触って、こうおっしゃいました。

「わたしの心だ。きよくなれ」（ルカ5・13）

それはつまり、「触れてはいけないと言われて社会から追い出され、家族とも切り離されているようなあなたが癒されて、健やかになり、そして家族の中へ、社会の中へ、愛し合い大切にし合う仲間の中へ戻っていくことが、私の心だ。それが私の望みであり、私が求めていることだ。私はそれを願って、そのためにこの世に生まれ、そして十字架にかけられるのだ」と、そういうふうにおっしゃったのです。

イエス・キリストは私たちを救うためにもったいをつけたりしません。「救われるためにはまずあれをして、次にこれをして、それから救ってやる」と、そんなことはおっしゃらないんです。そうではなくて、私たちを救うことがキリストの心であり、キリストの願いです。それが心からの望みであり、喜びだということです。そのためにキリストは、この世に来てくださいました。私たちに自分をただで与えること。ただで私たちにご自分を与えること。それがキリストの望みであり、喜びなのです。

神に赦されるために、神に解き放たれるために、死んだ行いから解き放たれるために必要なのはキリストの憐れみに自分を委ねることだけです。すでにイエスさまを信じている人も同じことです。ますますキリストに委ねることが必要です。「自分は本当にダメだ、私なんか弱すぎる、自分の信仰なんか値打ちがない」と思っているそんな私たちが、もうすでにイエスさまに抱きしめられています。イエスさまの方が私たちを離されません。そのことを知れば知るほど、私たちは「死んだ行い」から離れることができます。それは神さまを大切にし、人を大切にし、自分を大切にするという生き方です。仲間と共に、仲間の一人として、そして今置かれている場所で丁寧に生きることなのです。

もろびとこぞりて

聖書　レビ記19章1～18節

1 **主**はモーセにこう告げられた。2 「イスラエル
の全会衆に告げよ。あなたがたは聖なる者でなけれ
ばならない。あなたがたの神、**主**であるわたしが聖
だからである。3 それぞれ、自分の母と父を恐れな

ければならない。また、わたしの安息日を守らなければならない。わたしはあなたがたの
神、**主**である。4 あなたがたは偶像の神々に心を移してはならない。また、自分たちのた
めに鋳物の神々を造ってはならない。わたしはあなたがたの神、**主**である。5 あなたがた
が交わりのいけにえを**主**に献げるときは、自分が受け入れられるように献げなければなら
ない。6 それを献げた日と、その翌日に、それを食べなければならない。三日目まで残っ

たものは火で焼かなければならない。[7]もしも、三日目にそれを食べるようなことがあれ
ば、それは不浄なものとなり、受け入れられない。[8]それを食べる者は咎を負う。**主**の聖
なるものを冒したからである。その人は自分の民から断ち切られる。[9]あなたがたが自分
の土地の収穫を刈り入れるときは、畑の隅々まで刈り尽くしてはならない。収穫した後の
落ち穂を拾い集めてはならない。[10]また、あなたのぶどう畑の実を取り尽くしてはならな
い。あなたのぶどう畑に落ちた実を拾い集めてはならない。それらを貧しい人と寄留者の
ために残しておかなければならない。わたしはあなたがたの神、**主**である。[11]盗んではな
らない。欺いてはならない。互いに偽ってはならない。[12]あなたがたは、わたしの名によっ
て偽って誓ってはならない。そのようにして、あなたの神の名を汚してはならない。わた
しは**主**である。[13]あなたの隣人を虐げてはならない。かすめてはならない。日雇い人の賃
金を朝まで自分のもとにとどめておいてはならない。[14]あなたは耳の聞こえない人を軽ん
じてはならない。目の見えない人の前につまずく物を置いてはならない。あなたの神を恐
れよ。わたしは**主**である。[15]不正な裁判をしてはならない。弱い者をひいきしたり強い者
にへつらったりしてはならない。あなたの同胞を正しくさばかなければならない。[16]あな
たは、民の中で人を中傷して回り、隣人のいのちを危険にさらすことがあってはならない。

わたしは主である。17心の中で自分の兄弟を憎んではならない。同胞をよく戒めなければ
ならない。そうすれば、彼のゆえに罪責を負うことはない。18あなたは復讐してはならな
い。あなたの民の人々に恨みを抱いてはならない。あなたの隣人を自分自身のように愛し
なさい。わたしは主である。

今日はクリスマスです。子どもたちも来てくれました。皆さん、12月25日は誰かのお誕生日です。誰のお誕生日かわかりますか？　そうですね、イエスさまのお誕生日ですね。イエスさまは神さま。神さまが私たちに会うために、この世界に来てくださった。それは私たちを探すため。みんなも大切にしている宝物がなくなったら一生懸命探すと思います。私たちはイエスさまの宝物です。だから、クリスマスおめでとう。イエスさまにものすごく愛されている皆さん、おめでとう。

さて、ずっと読み進めているレビ記ですが17～26章は「神聖法典」と呼ばれるところです。もちろん、神聖にならなければ神の民になれないというのではありません。いつも申し上げる通り、まず神さまがイスラエルを救ってくださいました。その後で律法を与え、神の民に

ふさわしい生き方を教えてくださったのです。神聖法典はそんな律法の一部で、イスラエルが神の民として生きるための心得が記されています。19章は特に隣人との関係が扱われています。神聖法典というと何か恐ろしいような気がしますが、私は好きです。例えば10節。

「また、あなたのぶどう畑の実を取り尽くしてはならない。あなたのぶどう畑に落ちた実を拾い集めてはならない。それらを貧しい者と寄留者のために残しておかなければならない。わたしはあなたがたの神、主である。」(19・10)

今でいうなら難民問題でしょうか。神さまは外国から来た人びとを心にかけておられる。彼らが飢えることがないようにと心配して、神の民を用いて彼らを養おうとしておられる。「食べ物を分け与えなさい」とはおっしゃいません。けれども「落ちた実まで取り尽くすようなことをしてはならない、あなたの心と手を閉ざすことのないように」とおっしゃるのです。今日の私たちは必ずしもぶどうの栽培をしているわけではありません。けれども、大きな経済の仕組みの中で、落ちたぶどうの実まで集めるようなことが行われている気がしてなりません。クリスマスは自分たちが喜ぶだけではなく弱い人びと、貧しい人びとに思いをめぐらすべき時です。教会では今年もクリスマスに福祉施設にプレゼントをしました。神さまがきっと喜んでくださっていると思います。その他に私が好きなところは13〜14節。

「日雇い人の賃金を朝まで自分のもとにとどめておいてはならない。」（19・13）

「目の見えない人の前につまずく物を置いてはならない。」（19・14）

神さまが弱い者、貧しい者をどれほど慈しんでおられるか、あらためて驚かされます。神さまの慈しみは貧しい者の貧しさだけに向けられているのではありません。

「心の中で自分の兄弟を憎んではならない。」（19・17）

神さまは、私たちが愛し合うことを望んでおられる。憎しみがあるなら、それが解決され、私たちが互いに大切にし合うことを心から望んでおられるのです。このように神聖法典の端々には神さまの愛があふれています。読むと私たちの心が暖かくなるのを覚えます。

これらの教え（3、4、10、12、14、16、18節）は全て「わたしは主である」と結ばれています。神さまを主とする神の民は、神のように愛するはずなのです。そのように変えられていくのです。イスラエルが選ばれたのはそのためでした。「法典」と言うとがんじがらめの規則のような印象を与えますが、創世記1章26節で神のかたちとして造られた人を、その本来のかたちに回復させるという神さまの思いが前面に出ているようです。

そんな思いが凝縮しているのが「あなたの隣人を自分自身のように愛しなさい」（19・18）です。「あなた自身のように」とあります。実は、意外なことに私たちはそんなに素直に自分を愛することができない。案外、自分が嫌いであったり、「自分のような者は値打ちがない」とどこかでさげすんでいるようなところがある。けれども、自分が神さまに愛され、受け入れられている大切な存在であることを知ると、自分を愛するようになる。不健全な自己主張ではなく、健全にありのままの自分を受け入れることができるのです。健やかに自分を愛することができる人は、神の愛を知っている人。そんな人は隣人も「神に愛されている人」として見ることができるのです。主イエスは「心を尽くし、いのちを尽くし、力を尽くして、あなたの神、主を愛しなさい」（申命記6・5）という箇所と共にこの「あなたの隣人を自分自身のように愛しなさい」を引用しながら、神と人と自分を大切にすることを教えてくださいました。

　隣人との関係の第一は「それぞれ、自分の母と父を恐れなければならない」（19・3）です。恐れるというのは怖がることではなく、敬い愛すること。どこの国でも親孝行は尊ばれています。けれども聖書は単に親孝行をしなさい、お世話になった親に恩返しをしなさいと言っているのではありません。聖書が独特なのは「両親を敬い仕える」ことが「安息日を守ること」（19・3）や「偶像礼拝をしてはならないこと」（19・4）と結び合わされていることです。つまり、ここで前提になっているのは神を愛する家族です。

　そんな家族では親が子どもたちに、神がイスラエルにしてくださったすばらしい救いのみわざを語り聞かせます。子どもたちがそのまた子どもたちに語り聞かせられるようになるまで、何度も語ったはずです。そこで語られたのは、ただの奇跡物語ではありません。先ほども見たように、イスラエルは神さまのお心を知らされてきました。親が子に伝えたのは、その神さまのお心でした。神さまがいかなるお方かを伝えたのです。イスラエルをエジプトから連れ出してくださった神さまのあわれみ。荒野でマナを降らせてイスラエルを養ってくださった神さまの備え。金の子牛を造ったイスラエルに怒る神さまの激しい愛。それにもかかわらず、イスラエルを赦す神さまの痛みに満ちた愛。こういうことを語り続けることによってイスラエルの親は子どもたちに神さまを教えました。ただ知識として神さまを教えるのではなく、物語ることを通して神さまがいかなるお方であるかを体験させ、神さまを愛するように育てたのでした。神を主とする神の民は、父母を通して神を知ります。だから自分に神を知らせてくれた父母を敬うのです。そして、これは幼い子どもだけに言われているのではありません。子どもが成人して父母が年をとると、いずれは力や判断において子どもが勝るようになります。その時でも、子どもは神の民として生きることを教え、見せてくれた父母を敬い、共に神さまに仕えるのです。

では、神さまを教えてくれなかった未信者の親や、信仰に反対した親はどうなのでしょうか。ルカの福音書には、イエスが神殿を「自分の父の家」と呼んだとき、「両親には、イエスの語られたことばが理解できなかった」（ルカ2・50）とあります。しかしイエスは「ナザレに帰って両親に仕えられた」（ルカ2・51）のでした。このイエスさまのお姿には、私たちが学ぶべきことがあります。まだ神さまを知らない親がいるならば、なおさら大切にするべきです。敬い、仕え、神さまを知らせるのです。

昨日は「一年12回で聖書を読む会」の方がたとクリスマスを祝いました。いつもは午前中だけなのですが、昨日はお昼の食事をしながらたっぷりと語り合うことができました。今年（2018年）ノーベル平和賞を受けたイラク出身の女性ナディア・ムラドさん（Nadia Murad Basee Taha, 1993－）とコンゴの医師デニ・ムクウェゲ（Denis Mukwege, 1955－）さんのことが話題になりました。お二人の受賞理由は「戦争や武力紛争の武器としての性暴力を撲滅するための努力」でした。私たちの手に負えないような、大きな悪が存在していることは事実です。けれども、そこにも神さまは働かれる。小さな私たちを通して大きな神さまが働かれる。世界の造り主である神さまが働かれる。そんなことも語り合いました。聖書を読む会が終わってから、少し言い足りないような気がしたので調べてみました。このムクウェゲさんは、アフリカのコンゴで今まで四万人以上の性暴力被害者を治療してきた産婦人科医です。体の治療だけではなく、心のケアや社会復帰の手助けをしてきた。けれども氏の受賞の理由はもう一つある。それは性暴力をなくすために、公の場で発言し続けてきたこと。そのために親友が暗殺され、自分も殺されかけるという経験をしてきた。その貢献が認められてのノーベル賞だったのです。

なぜ、彼はそんな生き方をすることができるのだろうか。自分を与える生き方をすることができるのか。実は彼はクリスチャンで父親は牧師です。幼い時、牧師である父親といっしょに病人を訪ねて行った。そのことが、医師になったきっかけなのだそうです。本人は講演で信仰についてこのように語っています。「神の言葉を通して世界から暴力をなくし、野蛮な男性たちの犠牲となってきた女性たちが神の愛のご支配を経験できるようにすることは……（中略）……私たちの責務です。」「もしクリスチャンが自分のコミュニティーや隣人の中で信仰に根差した生き方をしなければ、キリストに託された使命を果たすことはできない。」（出典 URL は章末）

「神の言葉」、「神の愛のご支配」、「キリストに託された使命」。誰がこれらの思いを彼に与えたのか。誰がそんなに深い神さまの愛を彼に伝えたのでしょうか。それは彼の父である牧師であり、教会の仲間たちであっただろうと思います。彼は教会を通して、天地の造り主である神さまは生きておられること、私たちには手に負えないような問題にも生きて働かれることを知りました。私たちの力によらず、しかも私たちを通して働かれる神さまを知ったのです。神さまに愛され、神さまを愛する家族や仲間を通して働かれる神さまを。父母を敬う人は、父母とともに神に仕えることを目指します。隣人を愛する人は、隣人とともに神さまに仕えることを目指します。そんな人びとに、神さまは思いもかけない大きな祝福を現してくださるのです。

宗教改革者ルターは「父と母を敬えという戒めをきちんと守ることができる人は、聖人と呼ばれるのに値する」と言いました。父と母をいつも敬うことの難しさを覚えます。この点で、私たちはみな過去の負い目や失敗を抱えていて、恥じるほかはありません。けれども「すべての人を照らすそのまことの光」（ヨハネ1・9）とたたえられる主イエスがクリスマスにお生まれになりました。このお方の光はすべての人間関係を照らします。親子の関係、夫婦の関係、友人関係、職場や地域の人との関係。光は私たちの闇を明るみに出しますが、それだけではなく闇を光に変えます。光であるイエスさまを受け入れるとき、私たちは神の子とされます。かつては自分をいらだたせる存在として他の人を見ていたかもしれない。でも、その方も神に愛されている大切な人であり、神さまが私たちに与えてくださったかけがえのない仲間だということに気づかせてくださるのです。

主イエスは罪を犯さず、ののしられてものの しり返さないで、人びとの見当違いの攻撃を受けとめてくださいました。十字架の上でもなお「父よ、彼らをお赦しください。彼らは、何をしているのか自分でわからないのです」ととりなしてくださいました。主イエスは私たちのうちにもそんな心を造り出してくださいます。自分を傷つける人びとのために祈らせてくださる。こちらから和解の手を差し伸べさせてくださる。「その打ち傷のゆえに、あなたがたは癒やされた」（Ⅰペテロ2・24）とある通りです。私たちは満たされない思いがあるときに隣人を責め、親を責めてしまいます。そんな私たちであった。私もそうでした。けれども主イエスは私たちを満たしてくださいます。満たされなかった思いをいやしてくださる。家族や隣人との間に新しい関係を造り出してくださる。

さきほど、「もろびとこぞりて」と歌いました。「さあ、すべての人よ。こぞってほめたたえよう」という歌です。そのように主イエスのご降誕を喜ぶ人は「さあ、すべての人よ。主イエスを心のうちに迎え入れ、喜んで仕え合おう！」と歌うことができます。そして主は、そんな私たちを互いに愛し合うことへと招き、主に従うことができるようにしてくださるのです。

日刊キリスト新聞：クリスチャンプレス（英語名：Christian Press　発行人・松谷　信司）
https://www.christianpress.jp/nobel-peace-prize-goes-to-christian-doctor-who-heals-rape-victims/

感謝と喜びを

聖書　レビ記20章22～26節

22あなたがたが、わたしのすべての掟とすべての定めを
守り、これを行うなら、わたしがあなたがたを住まわせよ
うと導き入れるその地は、あなたがたを吐き出さない。23
あなたがたは、わたしがあなたがたの前から追い出そうとしている異邦の民の掟に従って
歩んではならない。彼らがこれらすべてのことを行ったので、わたしは彼らを甚だしく嫌っ
た。24それゆえ、わたしはあなたがたに言った。『あなたがたは彼らの土地を所有するよう
になる。わたしが乳と蜜の流れる地をあなたがたに与えて所有させる。わたしは、あなたが
たを諸民族の中から選り分けた、あなたがたの神、**主**である。25あなたがたは、きよい動
物と汚れた動物、また汚れた鳥ときよい鳥をより分けなければならない。わたしがあなたが

たのために、汚れているとして区別した動物や鳥や地面を這うすべてのものによって、あなたがた自身を忌むべきものとしてはならない。[26] あなたがたは、わたしにとって聖でなければならない。**主**であるわたしが聖だからである。わたしは、あなたがたをわたしのものにしようと、諸民族の中から選り分けたのである。』

この礼拝が今年最後の礼拝となります。ようこそいらっしゃいました。先週はクリスマスを共にお祝いしましたけれども、イギリスでは毎年12月25日の朝、エリザベス女王（Elizabeth II, 1926－）がテレビで5分程の短いクリスマスメッセージを放送することになっています。今年も放送がありましたが、私は今年のメッセージはとても好感がもてるなと思いました。何と言えばよいのでしょうか、女王個人の信仰がうかがい知れるような感じがしました。

もちろん、国家の元首のメッセージですから、とても慎重な配慮がなされていたと思います。「信仰の力さえ偏狭な身内意識を生み出すことがあります」という言葉もありました。違う信仰の持ち主たちが互いに対立するということが現代では多くありますから、そういうことも配慮しながら語っている。でも後半の所では「クリスマスで大切なこと、それは御子がお生まれになったこと、主イエスがお生まれくださって世界に希望をもたらしたことだ」と、何気なくイエスさまのお生まれに触れたのです。

もちろん、実際にエリザベス女王という人の信仰がどういう信仰であるのか、私が個人的に知っているわけではありません。あの国では女王は英国国教会の首長でもありますから、それなりのことを言っただけだという皮肉な見方をすることもできます。でもやはりそれだけではないなと思ったのです。特に彼女は「イエスさまがお生まれになった時、彼を信じた人はごくわずかでした。けれども今や、何十億人の人びとが彼に従っています」と言った。「今やたくさんの人々がクリスチャンになった」ではなく、「たくさんの人がイエスさまに従っている」と言った。信仰というのはただイエスさまを受け入れるだけではなく、従っていくというものなのだ。自分もそのうちの一人なのだ。そのような思いが伝わってきたように感じました。そして「イエス・キリストは『この地上に平和を実現しよう。全ての人を愛しなさい』とおっしゃった。そのメッセージはますます大切です」とも語った。もちろん現実のイギリスを見てみるならば、そこには色々な問題があり、間違った事があるだろうと思います。現実はとても複雑ですから、一人の女王が信仰を持っているからといって全てがうまくいくわけではない。けれども、主イエスに従う者はこの地上で平和と愛の担い手となっていくのだ、という願いを持って語る女王のメッセージには、とても共感することができました。

私もそうありたいと思いました。この地上で主イエスに従って平和と愛の担い手になりたい、そう思ったのです。世界の平和などと言いますと、とても大きなことのように思います。けれども神さまは大きなことをなされるために、大きな人々だけを用いられるのではない。そうじゃなくて、まるで世界の平和には関係なさそうな私たち、一人の主婦であったり、また一介の市民であったりする普通の人々、そのような小さな人びとの祈りと生き方を通して神さまは働かれるのです。私たちがそれぞれの置かれた場所で平和と愛の担い手となっていく時に、それを通して御国が前進していく。不思議なように世界が変えられていく。神さまの働きというのはそういうものですね。そのために、私たちは神のみ言葉を聞く必要がある。そうでなかったら、私たちは正しいことをしようとしながらそれぞれ自分の正しさを主張して争うことになる。だから今日も、私たちはみ言葉を聞きたいと思います。霊の目を開き、霊の耳を開いて神さまが語ってくださるみ言葉を聞き取りたいと願います。

さて、このレビ記20章ですが、新共同訳という聖書ではそれぞれ章毎に小見出しがついています。この20章は「死刑に関する規定」という小見出しがついています。こういうことをしたら死刑だということが並べて書いてあります。できれば読みたくないような所ですよね。ここで繰り返されているのは「必ず殺されなければならない」という、そういう嫌な言葉です。例えば2節。

「あなたはイスラエルの子らに言え。イスラエルの子ら、あるいはイスラエルに寄留している者のうちで、自分の子どもを取ってモレクに与える者は、だれであれ必ず殺されなければならない。民衆がその者を石で打ち殺さなければならない。」（20・2）

「自分の子どもを取ってモレクに与える者」とあります。モレクというのは偶像の神で、当時自分の子どもを殺してモレクにささげるということが行われていた。そういうことをする者は必ず石で打ち殺されなければならない。あるいは6節。

「霊媒（れいばい）や口寄（くちよ）せのところに赴き、彼らを慕って淫行（いんこう）を行う者があれば、わたしはその人に敵対してわたしの顔を向け、彼をその民の間から断ち切る。」（20・6）

「霊媒や口寄せ」というのは、死者の魂を呼び出して未来のことを占わせることです。そのようなことをする者があれば、神さまはその者から顔を背け、その者を民の間から断つと書いてある。続いて9～10節。

「だれでも自分の父や母をののしる者は、必ず殺されなければならない。その人は自分の父あるいは母をののしったのだから、その血の責任は彼にある。人が他人の妻と姦淫したなら、すなわち自分の隣人の妻と姦淫したなら、その姦淫した男も女も必ず殺されなければならない。」(20・9～10)

ここでも「必ず殺されなければならない」という言葉が繰り返されるわけです。これは何なのだろう、どうなのだろうと思うんですけれども、しかし聖書はやはり全て神の愛を語っている。「必ず殺されなければならない」という厳しい言葉にも、神の愛が語られている事を信じて読んでいきたいと思うのです。

ここでは死刑に値する四つの問題が扱われています。

偶像に供える　最初は2～5節に書かれている、自分の子どもを殺してモレクという偶像に供えるという問題です。子どもを殺すなんて、神さまはそんなことを全く望んでおられない。それなのに勝手にモレクという神がいることにして、その神は子どもを殺すとこちらの言うことを聞いてくれるのだ、とそのように勝手に考えて殺してしまう。イスラエルにはまことの神さまがおられる。彼らをエジプトから連れ出した本当の神さまがおられるのに、その神さまに気づかないふりをして子どもを殺してしまう。するなと言われても我が子を殺してまで自分の願いを叶えようとする。これは非道な罪という以上に神さまご自身をないがしろにする罪、神さまの愛をないがしろにする罪です。

伺いを立てる　6節の「口寄せ、霊媒」を通して死者の魂を呼び出し、伺いを立てるとは、神さまのみ心に聞くのではなく死者に未来を聞いて、それによって自分の人生をコントロールしようとする。災いを避け、繁栄を得ようとする。神さまのみ心を行い、神さまが私たちに愛を持って与えてくださるものを喜んで受け取るのではなく、自分の手で自分の望むものを掴み取ろうとするのです。これもまた、神さまをないがしろにする大きな罪です。

呪う、姦通する　死刑を命ずるというのは本当に厳しい言葉なのだけれども、これは神さまの激しい愛の現れです。父母を呪ったら必ず殺される、あるいは他人の妻との姦通も死刑というのは、現代の私たちにはあまりにも厳しいと思えるかもしれない。「神は愛なのだから、誰もがしてしまうようなことを見逃してくれてもいいのではないか。」そのように今日の人びとは思うかもしれない。でも神さまは愛するがゆえに、それを放っておくことができない。愛のゆえに、愛のないわざが広がっていくのを見ていることがおできにならない。神さまが「必ず殺さなければならない」とおっしゃる時、それは血に飢えた復讐の神が高笑いをしながら言っているような言葉ではないのです。むしろ、そのような言葉を語らなければならないことに痛みを覚えながら、歯を食いしばるようにして「あなた方は決してそんなところに陥ってはならない。必ずそういう行いから離れなければならない」と、そういう思いを持って「必ず殺さなければならない」と繰り返しておられる。死刑が目的ではないのです。殺すのが目的じゃない。そうじゃなくて罪から離れさせることが目的なのです。神さまは愛のないわざを憎まれる。そして神さまは、そんな愛のないわざの中に私たちが陥ってしまうことを惜しまれる。そのことを知っておきたいと思うのです。

神さまは良いお方です。「God is good」。「God」と「good」は綴りが似ていますね、“o(オー)”が一つあるかないか。「God」は「good」なんだ。そういう言葉が良く使われる。神は良いお方なんです。律法もまた良いものです。律法は私たちを愛のうちに守るために、私たちが愛の内を歩むことを助けるためにある。けれども実際は、私たちはしばしばそこからはみ出してしまい、愛することができない。言葉において、思いにおいて、行いにおいて愛を貫くことができない。はみ出してしまうのです。

ところが聖書には不思議なことがある。ずっと後の時代に出てくるイスラエルのダビデという王様はバテ・シェバ（新共同訳：バト・シェバ）という名の自分の部下の妻と関係を持ちました。しかし、「姦淫をしたら死刑だ」、「必ず殺されなければならない」と繰り返し書いてあるのに、彼は赦されたのです。あるいは、イエスさまは姦淫の現場で捕まって引っ張ってこられた女性を赦しました。神さまは言われていることがおかしいのではないか。「必ず殺されなければならない」と言いながらも、その罪人が殺され滅びることを黙ってご覧になっていることができない。これを矛盾と言うならば、そう言えるかもしれない。でも私たちは「律法は良いものだけれども、神さまはさらに良いお方である」と、そのように受け止めるべきではないかと思うのです。殺されなければならない人々、愛することからはみ出してしまった私たちを探すために、イエスさまはこの地上へと来てくださった。それは罪を見逃すためではない。そうではなくて赦すためなのです。見逃すことと、赦すこととは違います。イエスさまは罪を見逃したのではなくて、罪の結果をご自分で引き受けることによって赦してくださった。なぜか。私たちを諦めることがおできにならないからです。

今日開かれているレビ記20章26節を『聖書 新改訳２０１７』という新しい訳と今までの第三版で読みくらべると、少し違いがあります。

「あなたがたは、わたしにとって聖でなければならない。主である私が聖だからである。わたしは、あなたがたをわたしのものにしようと、諸民族の中から選り分けたのである。」（20・26 新改訳２０１７）

「あなたがたはわたしにとって聖なるものとなる。主であるわたしは聖であり、あなたがたをわたしのものにしようと、国々の民からえり分けたからである。」（20・26 新改訳第三版）

新しい訳では「あなたがたは、わたしにとって聖でなければならない」というところが、前の訳では「あなたがたはわたしにとって聖なるものとなる」となっています。これは、どちらかが正しくてもう一方が間違っている、ということではないと思います。どちらのニュアンスもくみ取りたいと思うのです。神さまは私たちがご自身に似た聖なるものであることを願う。強く願う。神さまが聖であられることは、その愛に表れる。だから神さまは私たちが愛なきものとなることがないように「聖でなければならない」と宣言される。それも強い意思をもって宣言されるのです。これが新しい訳です。けれども「聖でなければならない」と言われても、私たちが自分を聖なるものとすることはできません。でも神さまにはそれがおできになります。そして実際、そうしてくださるのです。ですから前の訳では「聖なるものとなる」とある。これは約束の言葉です。

二つの訳を合わせるとこういうことです。神さまは私たちが聖なるものであることを強く望まれ、私たちが必ず聖なるものとなることを約束し、実際にそのようにしてくださいます。私たちが何度失敗しようが、神さまにはあきらめるということがない。私たちが自分自身を見るならば「私は聖なるものです」と名乗ることなど考えられないですよね。どれほど自分に愛が足りないか、それは自分自身がよく知っている通りです。けれども神さまは「そうか、無理なのか」と言って諦めることをなさらない。むしろ「いや、そうではない。あなた方は必ずわたしにとって聖なるものとなる」と言われる。26節の続きはこうです。

「主である私が聖だからである。わたしは、あなたがたをわたしのものにしようと、諸

民族の中から選り分けたのである。」（20・26）

「あなたがたは聖であるわたしのもの、激しく愛するわたしのものだ。だからわたしは、わたしのものであるあなたがたを、激しく愛する『愛の人』にする。」神さまはそのようにおっしゃっている。私たちは自分の子どもをいけにえにするようなことはしない。だけど、ひょっとしたらその他の占いやまじないのようなこと、父母を敬わないこと、性的な不品行などといった罪は、私たちにとっても誘惑かもしれない。でもそういう罪から私たちが守られるのは、私たちクリスチャンが品行方正だからではないのです。

「わたしはクリスチャンです」と言うと「ああ、真面目なんだね」と言われて、その「真面目」がどことなくからかいを含んでいることが良くあると思います。真面目であるのは良いことですけれども、この場合の「真面目」というのはむしろ融通の利かない、話の分からない、つまらない、そういう意味が込められているのでしょう。しかし、罪を犯さないというのは、つまらないことなのだろうか。罪を犯したら、私たちが愛する人びとに大きな痛みを与えることになる。性的な不品行を行うならば、私たちの愛する人びとの大きな痛みとなる。私たちが占いやまじないに身をゆだね自分の人生を左右されるならば、神さまに大きな痛みを与える。だから神さまを愛し、仲間や家族を愛する人は、やはり罪を憎むだろうと思うのです。神の民の生き方は品行方正で、何かちんまりと生きていくというような事ではなくて、激しく罪を憎み、激しく仲間を愛する。そういうある意味の激しさ、愛の激しさというものがあると思うのです。私たちは、品行方正に道の端っこに寄らないように真ん中を歩く、だから罪を犯さないのではありません。極端なまでに激しく愛して罪を憎むから、私たちは罪から離れる。そのような激しい愛の持ち主は、ただ罪を犯さないだけで満足することができない。それ以上に自分を注ぎ出して愛したいと願う。聖なる者とはそういう人ですね。神さまに激しく愛されている。そして自分もそんな激しい愛で愛したいと願い、その愛に成長していく人。それが聖なる者と呼ばれる人です。

数年前にヒットした『アナと雪の女王』という映画があります。特に大ヒットしたのは「ありのままで」という主題歌です。今日は歌いませんけど。あれは本当に流行ってました。幼稚園に行くと子どもたちが声をそろえて歌っていた大ヒットです。「ありのままの自分になるの」という歌なんです。「ありのままの自分でいいんだ。」「人と違っていていいんだ。」「自分らしくあるのはいいことなんだ。」とても肯定的に受け止められてヒットにつながった。ところがあの映画を実際に見てみると、あの歌が歌われるのは幸せなシーンではないんです。一番悲しい場面で歌われている。主人公の一人でエルサという魔法を使う少女がいるんですが、彼女は魔法の力をコントロールできなくて国中を雪や氷で覆って冬にしてしまった。それで皆から離れて一人で遠い山の中で暮らすことになる。そこで雪や風を吹きまくらせながらたった一人で「ありのままの自分になるの」と歌うのです。だから「これでいいの」と歌う。「少しも寒くないわ」と歌うのですが、とても寒そうに見える。少しも幸せでなかった。「ありのままで生きる」ということが、それだけでは私たちを幸せにはしない。確かに「自分は人と違っていて良いのだ」というのは必要なことであり、大切なことだと思います。けれども、それは人の成長の一つの段階に過ぎない。そこを通過して神さまは私たちがさらに成長していくことを望んでおられるのです。映画の中でこのエルサが幸せになったのは最後のところです。最後に彼女は「ありのままに」という所から出て成長していくのです。そして愛することを覚えていく。相手を自分より大切にすることを覚えていくのです。その時、彼女は本当に幸せになる。他の人と一緒に喜んで暮らすことができるようになる。弱さも歪みも罪も持ったありのままの私たち。神さまはそのままで愛して受け入れてくださる。でも、それだけでは神さまのお心は満たされない。本当に神さまが造られた「ありのまちの歪みを癒すことができる。

ま」の自分だったら良いと思うんです。でも今の私の「ありのまま」は、色んな罪や歪みが含まれている。それを癒してくださるのは神さま。神さまだけが私たちをみ心にかなうものとすることができる。聖なるものとすることができる。罪を憎ませ、罪から離れさせ、私たちの歪みを癒すことができる。

「またこの話か」と思われるかもしれないのですが、それを恐れずにお語りするならば、私たちにはみ言葉の温泉が必要なんです。どれほどそこにつかっていればよいのでしょうか。それは、私たちがどれほど神さまに愛されているかがわかるまで。こんな歪んだ自分をも恐れずに神さまのみ手に委ねて大丈夫だと分かるまで。神さまはそんな私たちを受け止めて癒してくださることが分かるまで。分かってもなお分からないような私たちですが、何度も神のみ言葉を聞き続ける。み言葉の温泉に一回や二回入ってもだめです。入り続けて体の芯から自分が愛されていること、本当に受け入れられていることを知って変えられていく。み言葉の湯治というのでしょうか、温泉につかって癒されていく。

私たちは色んな傷を受けていると思います。愛されなかった。愛したけれどもうまくいかなかった。色んな思い出もある。嫌な思い出もいっぱいあると思います。それによって恐れたり、臆病になってしまったり、あるいは何かに対する反発から妙に強く出てしまったり。色んな歪みを持っていると思います。やはり私たちはみ言葉を聞き続ける必要がある。み言葉の温泉につかる必要がある。

救いというのは一回限りの出来事ではないんです。イエスさまを信じたからもうそれでいいのか、そうじゃないです。み言葉の温泉に浸かり続ける。でもそれだけでもまだ十分じゃない。温泉に浸かったら、今度はリハビリをする必要がある。私たちは「愛する」といっても「愛し方」がよく分からない。愛そうと思うと、パッと過去の痛みがよみがえってきて引っ込んでしまう。あるいは自分でも思いもよらないような強い言葉が口から飛び出したりもする。そういうことって良くあります。だから仲間と愛する練習をする。間違った言葉を使ってしまった時に受け入れ合う練習をする。それを互いに教え合う練習をする。そうやって仲間と一緒にリハビリをしながら、私たちはますます聖なる者とされていく。

「ですから、愛されている子どもらしく、神に倣う者となりなさい。」(エペソ5・1)

パウロはエペソの教会に対して「神に倣う者となりなさい」と命じています。「神に倣う」

とはどういうことなのか。2節。

「また、愛のうちに歩みなさい。キリストも私たちを愛して、私たちのために、ご自分を神へのささげ物、またいけにえとし、芳ばしい香りをささげてくださいました。」

（エペソ5・2）

「キリストが愛したように愛のうちを歩みなさい。キリストが愛したように愛しなさい。」そうパウロは語ります。「神に倣う」とは「神のように愛する」ということ。ところが、ここに不思議なことがある。ここでパウロが「神に倣う者となりなさい」と命じていることです。いつも聖書は神が主語なのだとお語りしています。レビ記でも「わたしがあなたを聖なる者とする」と、主語は神さまなのですけれども、エペソ書では「私たちが神に倣う者になろう」と読める。私たちが主語になっているような感じがします。一体どちらが主語なのだろうか。私たちが「神に倣う者」になるのか、それとも神さまが私たちを「聖なるものとする」のか。

やはり主語は神さまですよね。神さまが私たちを「聖なるものとする」。だけどその時に、神さまは私たちを無理矢理に成長させることはできないし、またしようとは思われない。私たちが心を開いて「神さま、あなたに倣う者としてください。私がそうなれるように、私のうちにそのことをしてください」と願うことを望んでおられます。私たちのする部分は、ほんの少しの部分です。でもそんな小さな一歩を神さまは待っておられる。心を開いて自分を委ねる。それは痛みを伴うかもしれない。恐れを克服しなければならないかもしれない。それでも、今までできなかったほんのもう一歩を踏み出す。「お委ねします」と言ってほんの少し心を開く。そうすれば、後は神さまがしてくださる。神さまが私たちのうちに働いてくださって変え続けてくださる。ですからパウロは「愛されている子どもらしく、神に倣う者となりなさい」と語っているのです。

神さまに愛されている子ども。赤ちゃんはお父さんやお母さん、おじいちゃんやおばあちゃんに抱かれます。愛されている子どもはただ自分を委ねます。されるがまま委ねている。今の「ありのまま」の自分に罪があるならば、神さまにそれを持って行って悔い改める。今の「ありのまま」の自分に愛することの妨げがあるならば、それも神さまに持って行く。すると後は、神さまがしてくださる。罪や妨げを取り除くこと、歪んでいる所を真っすぐにすることは、痛いかもしれない、辛いかもしれない。けれども、愛されている子どもとして、親である神さまのなさることは自分にとってきっと良いことだ、と委ねるのです。

私たちは、これまで愛そうと思って拒否された経験を持っていると思います。そんなつもりじゃなかったのに誤解されたり、拒まれたりという経験は私たちを恐れさせる。もう一度拒否されたらどうしよう、もう一度悲しくて痛い思いをするのは嫌だと心を閉じてしまう。「どうせ愛したって相手は変わらないのだから」と無気力に陥る。そういうことがしょっちゅうある。しかしそれでも、私たちは、神さまに愛されている子どもなのです。レビ記には「わたしは、あなたがたをわたしのものにしようと、諸民族の中から選り分けたのである」（20：26）とある。神さまは「あなたをわたしのものにする、わたしのように愛する者にする」と願って、私たちを子としてくださり、選り分けてくださった。

以前、ある聖会に行って御用をさせていただいた時のことです。「互いに愛し合うことを恐れるな」と語りました。「私たちはこんなに不器用で、こんなに頑なだから失敗するに違いない。でも、失敗しても愛の実験を、愛のリハビリを繰り返し続けよう」と語ったのです。その集会が終わって私が引き上げる時、二人の女性が会堂の真ん中あたりで話し始めた。ずっと話していた。私はそのまま引き上げたのですが、何かその光景が印象的だったので、後でそこの牧師に「二人の女性が話していましたけれど、どういう人たちですか」と聞いたのです。すると「あの二人は教会の柱なのですが、ここ数年間、用事があるとき以外は口をきくことがなかった」ということでした。深い話になると考え方が違うし、対立するというので、もうこの人とはやっていけないという状態だった。ところが彼女らは愛の実験を始めた。その日も、その後も何時間もずっと会堂の真ん中で。集会のときの座席も一人はこちらの端、一人はあちらの端だったので、後からなるほどと思いました。でもその二人が申し合わせたかのように会堂の真ん中で夕方まで語り合っていた。それはきっと上手く行かなかっただろう、でも、始まったんだなと私は思いました。始まりに過ぎないかもしれないけれども、始めてくださったのは神さまで完成させてくださるのも神さま。何度も、何度も失敗する私たち。そういう私たちを神さまは諦めることをなさらない。

今日はこうして年末感謝の礼拝を迎えていますけれども、私たちは何を感謝するのだろう。何を喜ぶのだろう。もちろん私たちは、神さまがこの年にしてくださった様々な恵みを喜び感謝します。一つ一つを正直に見るならば「これは喜べない」と思うような出来事もやはりあった。でもだからといってクリスチャンが「全てを感謝します」と言うのも、これも嘘ではないのです。クリスチャンは現実を見ていないというのではない。むしろもっと深いところを見ているから、感謝することができる。

ある時、イエスさまが十人のツァラアトにかかった病の人をお癒しになったことがありました。十人はイエスさまに言われて神殿の祭司のもとへ向かった。当時はツァラアトが治ったことを祭司に証明してもらわなければ、社会に復帰できなかった。十人うちの一人がサマリア人で、あとはユダヤ人だったのですが、自分が癒された事がわかるとそのサマリア人だけが帰ってきたのです。イエスさまのところに帰ってきた。ひれ伏して感謝した。十人とも癒されたことは喜んだけれども、このサマリア人だけはイエスさまを喜んだ。私たちが喜び感謝するのはイエスさまです。（ルカ17・11〜19）

私たちの目の前にある色々な問題を見ると「これは喜べない、これは大変だ」となるけれども、イエスさまに目を向ける時、その問題が違ったものになる。イエスさまは私たちの問題をよくご存じです。それがどれほど複雑で、解決し難い問題かをご存知です。中には、クリスチャンであるがゆえに抱えてしまう問題もたくさんあると思います。それもイエスさまは知っておられる。イエスさまはそれらの問題を共に負ってくださる。もうすでに負ってくださっている。そして全てのことを働かせて益としてくださる。だから私たちの労苦は無駄になることがありません。イエスさまはそのように私たちの問題を知ってくださり、共に負ってくださっている。問題が目の前にあるということは、それを通して神さまが今、してくださろうとしていることがあるのです。だから、その問題は誰かのせいだと言うのではなく、問題に仲間と一緒に取り組むことによって、私たちはますます愛に成長し、愛する者とされていく。そのために神さまは、目の前に置かれている問題をもお用いくださる。そのことを、愛されている子どもである私たちは知ることができます。

今日を生きるために

聖書　レビ記23章1～3節

1 **主**はモーセにこう告げられた。2「イスラエルの子
らに告げよ。あなたがたが聖なる会合として召集する
主の例祭、すなわちわたしの例祭は次のとおりであ
る。3 六日間は仕事をする。しかし、七日目は全き休
みのための安息日、聖なる会合の日である。あなたが
たは、いかなる仕事もしてはならない。この日は、あなたがたがどこに住んでいても**主**の
安息日である。

1月の第1主日の聖餐礼拝にようこそいらっしゃいました。今年も続いて礼拝の中でみ言

葉を聞いてまいりたいと思います。レビ記23章にはイスラエルが守るようにと命じられた四つの祭りが記されています。今読んでいただいたところは短いですけれども、その後ずっと四つの祭りについて書いてあります。ややこしくならないように、お手元の説教要約に表を載せておきましたのでどうぞご覧ください。（図参照）

	旧約での意味	新約での意味	時期
過越の祭り（5～14節）	エジプトからの解放を記念	イースター（十字架と復活による解放）	3～4月
七週の祭り（15～22節）	小麦の収穫感謝	ペンテコステ（聖霊降臨、教会の誕生）	5～6月
贖罪の日（23～32節）	年に一度、至聖所での罪の贖い	十字架の赦しと神との交わりの回復	9～10月
仮庵の祭り（33～43節）	荒野の旅の記念	神の恵みを覚える	9～10月

まず「過越の祭り」。これはイスラエルがエジプトから解放されたことを記念する祭りです。そこから七週間後は「七週の祭り」。これは春の収穫の感謝。この時期に小麦や大麦が採れるのですけれども、その収穫に感謝する時を持つ。秋になりますと「贖罪の日」というのがございまして、これは年に一度、大祭司が至聖所の中に入ってイスラエルの罪の贖いをする祭りです。そしてそれに続いて「仮庵の祭り」。これはイスラエルがエジプトから解放された後、仮小屋、聖書では仮庵（かりいお）というのですが、そういう庵小屋に住みながら旅をした、その荒野の旅を記念するための祭り。このようにレビ記23章ではこの四つの祭りを守るように命じられております。どの祭りもあわれみ深い神さまに目を向けさせる機会なんですね。

　イスラエルの祭り、聖書の祭りは神さまが与えてくださった祝福や恵みをただ感謝するだけではない。恵みの神さまが今もイスラエルの中にいてくださる、それを喜ぶ。ですから微妙なことを言うようですけれども、イスラエルが喜ぶのは神さまの恵みじゃなくて神さまご自身なんです。ここには違いがあります。神ご自身を喜ぶ者は、たとえ目に見えるご利益がなかったとしても神さまを喜びます。それどころか、神ご自身を喜ぶ者は神さまのために苦難や犠牲を選ぶこともあるわけです。神ご自身を喜ぶ。イスラエルはそのように招かれている。

これらの祭りにはとても特徴的なことがあります。祭りの中に必ず「どんな仕事もしてはならない日」が設けられていることです。23章には「どんな仕事もしてはならない」という言葉がおびただしく出てまいります。

「いかなる仕事もしてはならない。」（23・3）
「いかなる労働もしてはならない。」（23・7）
「いかなる労働もしてはならない。」（23・8）

くどいほどに繰り返し「働いてはならない」、「仕事をしてはならない」と書いてあります。例えば、七日間にわたる祭りがあるならば、間の日は働いていいけれど、最初の日と最後の日はどんな労働もしてはならない。どの祭りにも労働してはならない日が必ず含まれているんですね。およそ色んな文化がありますけれども、大体は働くことを美徳とする。勤労は良いことで、それより大きな価値はない。しかし聖書は本当に不思議な書物です。「どんな仕事もしてはならない日」が設けられている。

知り合いの牧師がこのことについて面白いことを言っていました。夫婦の場合、妻が夫に「あなたは私と仕事のどっちが大事なの」と言うことがある。神さまが仕事をしてはならないと繰り返しおっしゃるのは「あなたは、わたしと仕事とどっちが大切なのか」という問いかけなんだというのです。私はなるほどと思いました。「あなたは私と仕事とどっちが大切なの」と問われた夫が「いや、あなたが大切だから仕事も頑張っているんだ」と答えるかもしれない。一面の真理はついているかもしれない。けれども、夫が与えようとしているものと妻が求めているものが食い違っているわけですね。妻は、夫と共にいることを求めているのです。

神さまが家で置き去りにされている奥さんのようだというのは、いかにも不遜で人間臭い気がしますけれども、神さまはそういうお方なんだと思います。神さまは、私たちが神さまと共にいることを望んでおられる。とっても望んでおられる。それを喜びとしておられる。私たちの神さまはそういう神さま。どんな献げものや生贄よりも、私たちが神さまを喜ぶこと、神さまと共にいることを喜んでくださる。そういう神さま。だから安息日はただ休むだけの日じゃない。ただ休んで寝ている日じゃなくて聖なる会合の日です。

「七日目は全き休みのための安息日、聖なる会合の日である。」（23・3）

神さまがおっしゃっているのは「だから仕事を休んで、わたしと一緒に一日を過ごそうよ、わたしはそうしたいんだ」ということ。そのように招いていてくださる。神さまは私たちに何を求めておられるのか。私たちが神さまのそばにいることです。神さまと共にいることです。私たちは「神さま、私たちとともにいてください」と祈る。神さまは「いてあげよう」、「あなたもわたしのそばに共にいなさい」と招いてくださる。それが一番神さまの喜ばれることであるのをよくよく知る必要がある。なぜなら私たちは、この世界で多くのことを成し遂げるのが良いことなんだと思っている。それが頭の中に染み付いてしまっている。もっと良いことを、もっと多く成し遂げたいと願う。でも神さまが喜んでくださるのは私たち自身なんです。私たちが今、ここにいることを神さまは一番喜んでくださる。私たちは、神さまのくださる良いものよりも神さまご自身を喜ぶ。神さまは私たちが行うどんな良いことよりも、私たち自身を喜んでくださる。私たち自身を喜んでくださる神さまを、私たちも喜びます。

この四つの祭りの中では、神さまと共に過ごす日が設けられていると申しました。けれどもそれだけじゃないんです。四つの祭りの時以外にもあります。読んでいただいた23章の1節から3節、特に3節は四つの祭りに先立って書かれている部分です。

「六日間は仕事をする。しかし、七日目は全き休みのための安息日、聖なる会合の日である。あなたがたは、いかなる仕事もしてはならない。この日は、あなた方がどこに住んでいても主の安息日である。」（23・3）

四つの祭りとは別に、一年を通じて七日ごとの安息日が定められている。イエスさまが復活されて以来、教会は日曜日を主の日と呼んで礼拝を守っているわけです。イスラエルもまた七日ごと、安息日ごとに召集される。神が召集してくださる。4節に「あなたがたが定期的に召集しなければならない」とある。ですから聖なる会合と言われる礼拝は神さまの召集なんです。私たちが勝手に集まってるんじゃなくて、神さまが「いらっしゃい」と招いてくださる。だから、この礼拝を捧げているということです。イスラエルにとって、毎週神のみ前に聖なる会合を持つことは欠かすことができない。礼拝を捧げることなしには一週間が始まらなかった。神の民として歩むことが始まらなかったんです。私たちにとっても、週の初めの日に礼拝をささげることは一週間の始まり。そうでなければ始まらない。

さて、今からちょっと微妙なお話を語らせていただきたいと思うんです。これを語るかどうかずいぶん悩みましたけれども、必要なことだと思って語らせていただきます。最近青年たちと読み始めた「教えてパスターズ」ですが、なかなか面白い本です。二人の牧師がラジオで語っている内容が本になったものです。語られている中身は、ラジオを聴いてる人からメールなどで寄せられた質問、悩みに対して二人の牧師が答えるというスタイルです。質問の一つに、「仕事で疲れていて礼拝で寝てしまう」という青年の悩みがありました。これは誰でもそういう経験があります。私も経験があります。正論で言うならば「寝るな」ってことだと思います。「ちゃんとよく休んで、教会に来て寝ないようにしましょう」となると思うんですが、そうできないから悩んでいるわけです。その人に対して「寝ないように頑張ってね」と言うだけでは済まないものがある、そう思いました。

二人の牧師が語り始めるのはユテコの話。パウロがメッセージを語っている途中で眠りこけて窓から落ちて死んでしまった人です（使徒20・9〜12）。聖書はどういうつもりであのユテコの物語を使徒の働きに収めているのだろうと思いませんか。「礼拝の時に寝るとこういうことになるので寝ないように」という話ではないことは明らかだと思うんですね。パウロはユテコを抱いて、「大丈夫だ。まだ死んでない」と言った。実際は死んでいたけれどもユテコは生き返った。パウロはそこからエルサレムに向かい、さらにローマへと連れて行かれる。そういう旅を始めるところなんです。人びとはパウロともう最後だと思って悲しんでいたんだけれども、ユテコが生き返るのを見てとても慰められたと書かれている。ユテコがさばかれているんじゃない、非難されているんじゃない。恐らくユテコは昼間、一生懸命働いたんだろうと思う。でもパウロ先生がもう最後かもしれない。だから自分もそこに加わりたいと思ってやって来たんだと思うんですね。そのユテコが不覚を取ってしまった。言うならば、神さまは微笑んでユテコを見ておられるような、そういう印象を受けるわけです。

こういうことをお話すると「そうか、礼拝で寝ていても大丈夫なのか」となって来週全員が寝たりすると困るなと思ったのですが、でも皆さんはきっと賢く聞いてくださると思います。信頼してお話ししています。今日もちょっと疲れているけれども、しんどいけれども、やっぱり礼拝に行こうと思って来られた。礼拝に出ないで一週間を始めることなどできないと思って来られた。神さまに礼拝をささげることによって、神さまと共に過ごすことによって私の一週間を始めたいと思って来られただろうと思うんです。ひょっとして疲れや、弱さのために不覚を取ることがあるかもしれない。でも、神さまとともに一週間を歩もうと願っている私たちを、神さまは微笑みと恵みをもって見ていてくださると思います。しつこいようですが、決して礼拝中に睡眠をとることをお勧めしているわけではありません。むしろ、どうせ寝てしまうんだから礼拝出席は無意味だと決めつけてはならないと申し上げたいんです。神さまは私たちを祝福したくてたまらない。起きていようが寝ていようが、どうしても祝福したくてたまらないお方です。だから、寝ない方がいいんだけれども、それでも神さまはもっと大きな恵みの神であると知ることはとても大切だと思います。

表の方に戻りますけれども、ここには神さまがしてくださったそれぞれの恵みと、その恵みの与え主である神ご自身を賛美する旧約の四つの祭りが記されています。それぞれの祭りは、新約聖書のキリストにおいてさらに素晴らしいかたちで実現しています。これらのことは礼拝の中で一つか二つずつお語りしているので、今日は簡単に確認していきたいと思います。

過越の祭り　過越の祭りは、この祭りの時にイエスさまが十字架にかけられ、三日後によみがえられたのですから、私たちにとってはキリストの十字架と復活による解放ということです。エジプトで奴隷とされていたイスラエルが解放されたように、私たちも解放されました。何から解放されたのか。罪の力から、死の力から、愛のない生き方から解き放たれた。

七週の祭り　七週の祭り、ペンテコステには聖霊が降（くだ）った。そして教会が誕生いたしました。聖霊によって新しい生き方が私たちの中に始まった。教会は新しい生き方を与えられた者たちが交わるところ。それが今、ここで礼拝を守っているということです。

贖罪の日　贖罪の日の恵みは、やっぱりこれも十字架による罪の赦し。贖罪の日には大祭司が聖所から至聖所へと入っていって、神さまに直接会うことができる。イエスさまが十字架にかけられた時、神殿の聖所と至聖所を仕切っていた幕が上から下に真っ二つに裂けた。上から幕が下に裂けた。神さまがそれを裂いてくださって、神との交わり、本当に生き生きとした交わりが回復された。

仮庵の祭り　そして仮庵の祭り。これは神の恵みを感謝する。主イエスの十字架と復活によって私たちに注がれている恵みを喜びながら旅を続ける私たちの毎日そのものです。

四つの祭りの恵みが、イエスさまにあってさらに素晴らしいかたちで私たちの内に実現している。神さまがキリストにあって私たちに与えてくださる解放や赦し、交わりといった恵みは、私たちが一人で聖書を読む、あるいは祈る中でも与えられるんだけれども、礼拝の中ではとりわけ豊かに与えられる。なぜなら礼拝は神さまが召集してくださった交わりだからです。プロテスタント教会では礼拝の中心に説教が置かれています。説教はもちろん大切で、説教者は礼拝のために祈りの内に準備をして語ります。おそらく牧師が何に一番力を入れるかって言うと説教の備えだろうと思うんです。でもどんなによく準備しても、そこに神さまが働いてくださらなかったら単なる良いお話にすぎない。そこに神さまが働いて、説教者が備えた説教を超える恵みを私たちに聞かせてくださる。時には説教者が自分自身で驚くほどの恵みを、神さまは聞いている人びとに与えてくださる。そのために祈って備えるわけです。それは神さまが何としてでも、本当に恵もうと思っておられるから。自分の説教なんか後で聞き返すとどんなもんだろうと思うことが多いです。しかしそうであったとしても、神さまは私たちを恵みたい、祝福したいと思っておられる。だから、まずい説教を通してでも、足りない説教を通してでも神さまは働いてくださる。

でも説教だけじゃないことも知っていただきたい。神さまの恵みはまた説教以外のところにも働く。実際に礼拝で、説教はよくわからなかったけれども他のところで恵まれるという経験はよくあることです。朗読されている聖書の言葉そのものが私たちに語りかけ、心を探り、心を満たすということがあります。また、仲間とともにささげる賛美の歌詞、メロディーが私たちの心に刻み込まれる。あるいは仲間の祈りによって、うなだれていた心が神さまに向かって持ち上げられるということが起こってまいります。そして聖餐も。今日も聖餐を持ちます。礼拝には神さまの恵みが満ちているんです。だから礼拝の一瞬一瞬に私たちは期待するべきです。なぜなら神さまが召集してくださった礼拝だからです。神さまが、何が何でも私たちを恵みたいと思って、与えてくださった礼拝だから。今日を生きるための恵み、この一週間を生きるための恵みは、今この礼拝に備えられていることを信じます。

さて、聖なる会合である礼拝に召集された私たちは、どのように礼拝をささげるべきなのか。一か所聖書を開きましょう。ヨハネの福音書4章は、イエスさまがサマリアを通ってガリラヤへ向かわれたという箇所。スカルという町の近くに「ヤコブの井戸」と呼ばれる井戸がありました。そこでイエスさまは一人のサマリア人の女性と出会うのです。この女性は色々と問題を抱えていて、これまで五人の男性と結婚し、今は六人目と一緒にいるんですが、その人も夫ではない。そういう問題を抱えていた女性です。イエスさまがその事を「あなたはこういう人だね」と言い当てる。女性は「この方は神から来られた方だ」と感じて、突然のように「礼拝をささげるべき場所はどこですか」と尋ねるわけです。この女性は罪深い生活を送りながらも、真の礼拝をささげたいと願っていた人のようです。「どこでささげるんですか」という問いに対して、イエスさまは「場所の問題ではない」とおっしゃった。そして23節。

「しかし、まことの礼拝者たちが、御霊と真理によって父を礼拝する時が来ます。今がその時です。父はそのような人たちを、ご自分を礼拝する者として求めておられるのです。」（ヨハネ4・23）

ここは以前の新改訳聖書 第三版では「霊とまことによって」となっていました。私たちは間違いやすいのですが、「誠実」の「誠」と書いて「まこと」と読みますから、「まこと」というのは自分が誠実に礼拝を守ることだと勘違いしやすい。しかしこれはそういう言葉ではないんです。新しい訳にあるように「真理」という意味の「まこと」なんです。誠実さの方の「まこと」だと思ってしまうと「誠が大事なんだ、誠を尽くすことが大事なんだ、もっともっと頑張って、誠実さを増し加えて、頑張って礼拝しなければならない」と思ってしまう。でもそうじゃなくて、この「まこと」とは「真理」なんです。

真理とは何であるのか、真理とは誰であるのか。ヨハネの福音書を読むならば真理とはイエスさまのことである。そしてイエスさまが語られるみ言葉のことである。ここでイエスさまが教えられたのは、本当の礼拝というのは聖霊とイエス・キリストによってささげるものであるということです。御霊と御子によって父にささげる礼拝。これが真の礼拝です。だから礼拝への備えは全て神さまによってなされている。それを受け入れる。私たちには礼拝の備えがないいんです。今日はもう礼拝に行くのをやめようか、しんどいからもうやめようかなと思うこともよくある私たちです。礼拝に来ても、私たちの心は色々なことにさまよってなかなか礼拝に集中できなかったり、あるいは弱さのために不覚をとったりする。そういう私たちです。私たちには備えがないいんだけれども、でも神さまには備えがある。神さまが御霊と御子によって備えをしてくださっている。だから私たちのすべきことは、すでに神さまの備えがあることを信じてそこに加わることだけです。神さまの備えを受け入れることだけなんです。「いや、でも自分はこんな状態だから」「今、私は霊的にこんな状態だから」「行きたくないような状態だから」「行ってもどうせ……」。そうじゃないいんです。備えは私たちの側にあるんじゃない。神さまの側にあるから、だから私たちはこの礼拝の中で真の礼拝をささげることができる。イエス・キリストによって、御霊において真の礼拝をささげることができるのです。

イエスさまはこの女性に対して「今だ」とおっしゃった。「私が来たから今はもうその時だ。あなたは真の礼拝者として真の礼拝をささげることができる」とおっしゃった。でも実際は、もっと大きな備えがこの後でなされたわけです。イエスさまが十字架にかかり、復活して、ペンテコステの時に信じる者たちに聖霊が注がれ、御霊によって教会の礼拝が始まっていきます。だから、イエスさまが「今だ」とおっしゃったその「今」は、サマリアの女に言われた以上に私たちのために「今だ」と言われている。「今」という時に、イエスさまはこの礼拝のことも指しておられる。

私たちは今、この礼拝において真の礼拝者として礼拝をささげているんです。なぜなら、私たちは御霊と御子、み言葉の備えがもうなされているところへやって来たからです。受け入れているんです。喜んでいるんです。この一年も真の礼拝者として神さまの備えてくださっている礼拝の中に身を置き続けたいと願います。また神さまとともに歩む一年間の歩みを、礼拝で語られ、聞かれ、讃えられるみ言葉によって全うさせていただきたいと願います。

自由に生きるために

聖書　レビ記25章1～13節

1 主はシナイ山でモーセにこう告げられた。2「イスラ
エルの子らに告げよ。わたしが与えようとしている地にあ
なたがたが入ったとき、その地は主の安息を守らなければ
ならない。3 六年間はあなたの畑に種を蒔き、六年間ぶど
う畑の刈り込みをして収穫をする。4 七年目は地の全き休みのための安息、主の安息とな
る。あなたの畑に種を蒔いたり、ぶどう畑の刈り込みをしたりしてはならない。5 あなた
の落ち穂から生えたものを刈り入れてはならない。あなたが手入れをしなかったぶどうの
木のぶどうも集めてはならない。これは地のための全き休みの年である。6 地の安息はあ
なたがたに食物をもたらす。すなわち、あなたと、あなたの男奴隷と女奴隷、あなたの雇

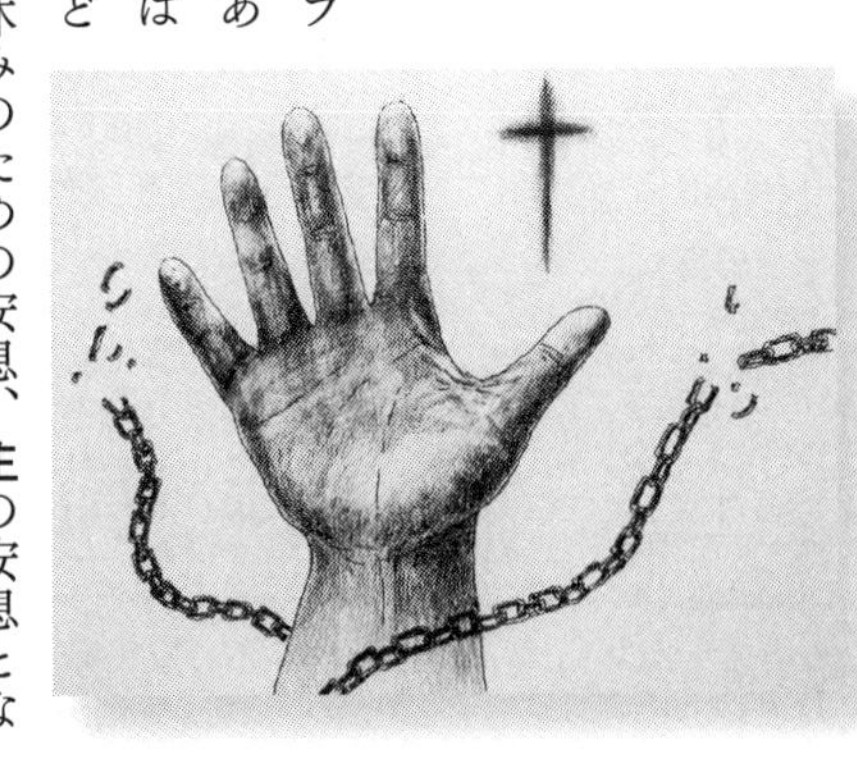

い人と、あなたのところに在住している居留者のため、7 また、あなたの家畜と、あなた
の地にいる獣のために、その地の収穫はすべて食物となる。8 あなたは安息の年を七回、す
なわち、七年の七倍を数える。安息の年が七回で四十九年である。9 あなたはその第七の
月の十日に角笛を鳴り響かせる。宥めの日に、あなたがたの全土に角笛を鳴り響かせる。10
あなたがたは五十年目を聖別し、国中のすべての住民に解放を宣言する。これはあなたが
たのヨベルの年である。あなたがたはそれぞれ自分の所有地に帰り、それぞれ自分の家族
のもとに帰る。11 この五十年目はあなたがたのヨベルの年である。種を蒔いてはならない
し、落ち穂から生えたものを刈り入れてもならない。また手入れをしなかったぶどうの木
のぶどうを集めてはならない。12 これはヨベルの年であって、あなたがたには聖である。あ
なたがたは野の収穫物を食べる。13 このヨベルの年には、あなたがたはそれぞれ自分の所
有地に帰る。

1月の第2主日の礼拝にようこそいらっしゃいました。この25章には、本当に不思議なこの神さまのことが書いてあります。4節には「七年目は地の全き休みのための安息、主の安息となる。あなたの畑に種を蒔いたり、ぶどう畑の刈り込みをしたりしてはならない」とあ

ります。一週間に一度、人に安息日があるように、畑にも安息年というのがここで定められています。これは「土地を休ませることによってその生産力を回復させ収穫を増やすためではないか」というようによく間違われるところですが、そうではありません。聖書によるならば土地は神さまのもの。イスラエルの人びとは神さまから土地をお借りしてそれを使うことを許されているだけなのです。したがって「この土地は自分のものではないんだ、神さまからお借りしているものであって、『未来永劫ずっと私の物だ』と自分の手に握りしめて好き勝手な用い方をしてはならない」ということを思い出すために、この安息年は設けられています。

考えてみれば、現代でもそれは一緒です。この世界を造ったのは誰なのか。神さまが造られました。この世界にあるすべてのものは神さまのものなわけです。私たちはそれを使うことを許されているのに過ぎません。そのいろんな資源や土地、そういったものを「これはずっと私のものだ」って言って握りしめてそして貧しい人に手を開かないというのは、やはりどこか神さまのお心を痛めることではないかと思います。神さまから預かってるものを握りしめて好き勝手に用いてはならない。いつでもお返しできるように軽く握って、み心に従って用いるというのがとても大切なことです。

私たち自身もそうです。私たちの持ち物や私たち自身も神さまのものです。献金のお祈りの時にいつも「お預かりしたものの中からほんの一部をお返しします」とそのようなお祈りがささげられていますが、本当にその通りだと思います。お返ししなかったものは私のものなのですが、手元に残った部分についても、お返ししたものと同じように神さまのみ心に従って用いることができたらいいなと思います。ここで、生活に困るようなささげ方は決してなさらないようにと思います。それと同時に、あの時にささげておけば良かったなという悔いが残ることもないようにとも思います。

ささげるということはいつも冒険だと思います。高齢になるとだんだん、冒険というのが難しくなるということもあるかと思います。もちろん現在85歳の登山家、三浦雄一郎さんが90歳でまたエベレストに登るなんていうことを目標にしているということもあるので、いろんな人がいるなと思いますが、誰でもそういうことをできるわけではありません。しかし誰にでも、いくつになってもできる冒険があります。それは神の国のために、自分自身や自分の持ち物を投資していくっていうことです。こういうことを申し上げるのは、決して教会財政が苦しいからということではありません。教会の予算総会が近づいているから、こういうことを言っているのでもありません。そうではなく、私たちの生涯が神さまと共に生きる生涯であるならば、そこには私たちの持ち物、私たち自身を神の国に投資するという大きな喜びがある、だから申し上げているのです。このことが本当に楽しみな、ワクワクするような喜びだということを私たちは知っておきたいと思います。

これまでの私の説教で、献金についてお話ししたことはほとんどなかったのではないかと思います。そして、それはひょっとしたらあまり良いことではなかったかもしれないと思うこともあります。なぜなら、もし私が皆さんに神の国に投資することの喜びを十分にお伝えしていないとするならば、それは愛がないことであった、とも思えるからです。申し訳ないことをしてきたのかもしれないとも思います。ですから私は今、神の国に投資することを本当に心からお勧めしたいと思います。投資した見返りのことをリターンと言いますが、神の国に投資することでどのような素晴らしいリターンがあるでしょうか。そのリターンはささげた方個人だけではなく、教会にというだけではなく、この世界全体に大きな祝福となって返っていくんです。そこに目を向けて、この喜びを互いに、存分に味わいたいと思います。

さて、この安息年には収穫がないわけです。しかし神さまは、神さまに従うものを困らせるようなことは決してなさらないのです。次の収穫まで困らないように、ちゃんと食料を備えてくださいます。そのやり方はマナの時と一緒です。イスラエルが荒野を旅している時に、安息日以外の日はマナが降ってきてそれを集めるわけです。ところが、安息日の前日には2日分のマナを集めることができて腐らない。こういうふうに神さまは豊かに養ってくださいました。安息年についても同じです。普通に考えれば安息年の前年には2年分の収穫を与えられるはずです。しかしさらに後からお話しするヨベルの年というのがあります。つまり安息年を7回繰り返したら、その次の年はヨベルです。7年が7回ですから49年目が安息年で、その次の年がヨベルの年になっています。このヨベルの年も畑を耕しませんので、2年続けて収穫がない年がやってきます。レビ記25章21節。

「わたしは六年目に、あなたがたのためにわたしの祝福を命じ、三年分の収穫を生じさせる。」(25・21)

6年目にはその次の年の安息年の分と、そしてその次のヨベルの年の分と、なんと3年分の収穫があるというわけです。神さまは私たちが心配する前から、私たちのことを心配してくださっています。だから、大胆な投資をしても大丈夫。神さまがその帳尻を合わせてくださるというか、帳尻以上のものを与えてくださいます。このことを覚えておきたいと思います。

さて、安息年は不思議な年ですが、そうやって50年に一度迎えるヨベルの年はさらに不思議なんです。9節には「あなたはその第七の月の十日に」、つまりヨベルの年の第7月の10日ということですけれども「角笛を鳴り響かせる。宥めの日に、あなたがたの全土に角笛を鳴り響かせる。」50年間待ち望んだこの角笛が鳴り響く。その時に何が起こるのでしょうか。

「あなたがたは五十年目を聖別し、国中のすべての住民に解放を宣言する。これはあなたがたのヨベルの年である。あなたがたはそれぞれ自分の所有地に帰り、それぞれ自分の家族のもとに帰る。」(25・10)

ヨベルの年は「解放の年」なんですね。50年の間にやむを得ない事情で土地を手放してしまうってことがあります。先祖代々の土地を手放してしまう、そうしなければならない場合があるのです。だけど、ヨベルの年にはその土地が帰ってきます。お金を払わなくても返ってきます。無代価で帰ってきます。あるいは当時は、本当に貧しくなって自分の身を奴隷として売るということもあったわけです。しかしヨベルの年になったら、その奴隷から解放されます。土地が解放されます。人も解放されます。だから土地を売ってしまって自分自身も売ってしまい何もなかった、いるところもなかった人が、自分の土地に帰ってくることができるのです。すべてが元通りになります。それがこのヨベルの年に起こる素晴らしい解放です。なぜそういうことを神さまはなさるのでしょうか。それはこう書かれています。

「わたしはあなたがたの神、主である。わたしは、あなたがたにカナンの地を与えてあなたがたの神となるために、あなたがたをエジプトの地から導き出したのである。」（25・38）

エジプトの地から、エジプトの奴隷から、神さまはイスラエルを連れ出しました。解き放つために。自由にするために。だからもしその後、その自由が損なわれるようなことがあるならば、神さまはその自由を回復させてくださいます。50年でどれほど落ちぶれてしまった人であっても、どれほどバラバラになってしまった家族であっても、誰でもどんなところからでもやり直すことができます。これがヨベルの年に起こることなんです。このことは大きな福音だと思います。誰でもどんなところからでも、やり直すことができます。リセットしてくださる神さまによって、一からやり直すことができます。ゼロからではありません。ゼロだと本当に何もないところから、無一文からというわけですが、そういうことではなく「一から」なのです。もともと先祖が持っていた土地に戻って、神さまから再びその土地をお借りして、そしてもう一度生活を始めていくことができるのです。神さまはやり直させることができる神さまです。どんなところからでもやり直させてくださいます。私たち神の民も再び自由を失うようなことがあるかもしれません。罪があったり、また私たちの間の関係が損なわれたりという事があるかもしれません。それでも神さまは、どんなところからでもやり直させることができます。罪には赦しを、また損なわれた関係には和解と修復を差し出すことができる神さまなんです。

ところがですね、ちょっとがっかりするようなことを申し上げなければいけないのですが、どうもイスラエルの歴史においてこのヨベルの年は、実際に実行されたことがないみたいなんです。これは実に残念なことです。結局、当時のイスラエルでは、神さまのこのあわれみ深いお心を人びとは実行に移すことができませんでした。神さまを信頼し切ることができませんでした。そこで解放されなかったのは人手に渡ってしまった土地や、奴隷となってしまった人たちだけではありません。それらを手放せなかった人びと、すなわち本当は返さなければいけない土地や奴隷を返すことができなかった人びとの心もまた、解放されなかったわけです。つまり、彼らは自由に神さまに従うことができないでいるわけです。本当は自分のものじゃないのに何かの拍子に手に入ったものを、ずっと自分のものだと言って「絶対に手放さないぞ」というように、貪欲の奴隷になってしまっているわけです。あるいは、これを手放したら自分たちの生活はどうなるのかと言って恐れ、不安でいたのかもしれません。そういう恐れや不安の奴隷になっている、と言うこともできるかもしれません。貧しい仲間を省みることができないという無関心の奴隷になっているということもあるかもしれません。「そういう思いが神さまのみ心には沿わないんだ」ということはわかっていたはずです。でも、そこから離れることができなかったのです。解放されることができなかったのです。それが当時のイスラエルの現状でありました。神さまは、じゃあそういう彼らを解放することを諦めてしまわれたのでしょうか。もちろん、そんなはずはありません。神さまは諦めることのないお方です。

さて、新約聖書を開きましょう。ルカの福音書4章18節のあたりですが、この時にイエスさまはナザレに行かれまして、安息日に会堂に入るわけです。そこにはイザヤ書がありました。当時の聖書は、現在の私たちみたいに全部が一冊に入ってるわけではなくて巻物になっているので、その時その時に使う聖書の巻物を持ってくるんです。この時はイザヤ書が持ってこられていたということです。そして、イエスさまはそのイザヤ書を開きます。現在の聖書を開くように左右に広げるのではなく、巻物なので片方を開きながらもう片方を巻き取っていく感じです。そこで、この箇所を見つけて読まれました。

「主の霊がわたしの上にある。貧しい人に良い知らせを伝えるため、主はわたしに油を注ぎ、わたしを遣わされた。捕らわれ人には解放を、目の見えない人には目の開かれることを告げ、虐げられている人を自由の身とし、主の恵みの年を告げるために。」（ルカ4・18）

この主の恵みの年というのが、ヨベルの年のことです。イエスさまはここを読み終えてから、続きを語られました。

「イエスは人びとに向かって話し始められた。『あなたがたが耳にしたとおり、今日、この聖書のことばが実現しました。』」（ルカ4・21）

イスラエルの時代には実現することのなかったヨベルの年、解放の年が、今日、あなたがたが聞いた時、まさに今、この瞬間に実現したのだというようにおっしゃったのです。解放の年が実現しました。それは根本的な解放です。ただ単に奴隷だった人が奴隷じゃなくなったという目に見える解放だけではなく、それよりもっと根本的な解放が起こりました。それは恐れや貪欲、不信仰から私たちを解き放ち、心を解き放ちました。たとえその身は奴隷であったとしても、奴隷という立場が変わらなくても、心が解き放たれたということです。全く違う生き方が始まったという宣言がなされました。そういう解放がここで行われたのです。

このルカの福音書のもう少し後ろの19章にはザアカイが出てきます。ご存知の通りザアカイは、イエスさまが自分の名前を知っていたということにとても喜びました。そしてイエスさまがザアカイの家に入ってきてくださった時、彼に「今日救いがこの家に来ました」とおっしゃいました（ルカ19・9）。救いがこの家に来た、この日がザアカイにとってのヨベルの年となったのです。ザアカイにとっての解放の年、主の恵みの年です。彼は何から解放されたのでしょうか。

このザアカイという人はなかなか複雑な人だと思います。彼は背が低かったのでコンプレックス、つまり劣等感があったんだという話があります。人びとを見返そうと思って取税人になったというような説明も聞くこともあります。もしそうだとしたら、彼はとても出口のないことをしているわけです。なぜなら、人びとにバカにされないようにと思って取税人になるならば、それは逆だからです。当時の取税人は罪人と同じとされていて、人びとから軽蔑される存在でした。つまり、お金を持っていても軽蔑されます。だからザアカイはますます満たされないわけです。ひょっとしたら親や兄弟から「なんでそんな恥ずかしいことやってるんだ」というように、心が痛むようなことを非難されたかもしれません。それに加えて人びとから「取税人のザアカイ」と言って蔑まれるので、どんどん積み重なった恨みを抱いていたかもしれません。どうにもならない複雑に絡み合った状態の彼は、そんなことを言われても今さら取税人をやめるわけにもいかず鬱々としていたことでしょう。それでもイエスさまだったらどうにかしてくださるに違いないという一縷（いちる）の望みを抱いて、自分の何が問題かもわからないままイエスさまのところへ行き、群衆の上からイエスさまを見つけることができるように木に登りました。そしてそこにヨベルの年が、主の恵みの年がザアカイに実現しました。解放されました。彼は解放されたのです。

何から解放されたのでしょうか。自分の努力ではどうにもならない複雑に絡み合った状態から解放されて、コンプレックスや恨みからも解放されました。社会的な力を身にまとって人から頭を下げられたいという願いがある一方で、現実には言われたくないことを言われて雑に扱われるという痛みがありました。今の自分の権限で手にすることができるお金を手放したら状況や立場はどういうふうに変わってしまうのだろうという不安もありました。彼はそのような過去を乗り越えたい気持ち、現在進行形の痛み、将来への不安などの全てから解放されていきます。主の恵みの年、ヨベルの年がこのザアカイに訪れたのです。その時に彼は手も開いていきます。握りしめていたお金も、その手を開いて神の国に投資しました。私たちはこの話を聞くときに「ザアカイさんは特殊な職業の人で、しかも昔の人できっと単純だったから、即座に解放を受け入れて信じてしまった、これはそういう鮮やかな場面として描かれているのでしょうね」、とそう思ってしまうかもしれません。しかしながら、ザアカイさんは私たちとそんなにかけ離れた人間ではないと思います。

私たちが目を向けるべきなのは、自分たちはザアカイさんとは違うという思いではなく、このザアカイさんに主の恵みの年が実現したのと同じように私たちの上にも主の恵みの年が来たということです。ザアカイに訪れた解放は、もうすでに私たちに起こっているのです。深いところからの解放が、広い範囲での解放が、私たちにも起こりました。

「あなたがたが耳にしたとおり、今日、この聖書のことばが実現しました。」（ルカ4・21）

これは先ほどのルカの4章です。今日、聖書のみ言葉が、あなたがたが聞いた通り実現しました。ザアカイのことだけではない。私たちにも実現しました。

私たちは何から解放されたのでしょうか。ザアカイだけではなく私たちまでもが解放されたというのは、どういうことでしょうか。失望の奴隷、すなわち自分は無力だとか、自分の痛みに対して何もすることができない、そういうところから解放されていきます。あるいは、先ほどもお祈りの中にありましたように今日は阪神大震災の記念日ですけれども、本当に愛する者を失った者たちの悲しみ、いろんな想い、神さまはそういうところにもやっぱり解放をもたらしてくださいます。私たちもこの一年ほどの間、喪失感といろんな思いの中にありました。それでも、ゆっくりだけれども、やっぱり神さまは私たちを倒れたままにはさせませんでした。倒れてしまったところに回復をもたらしてくださいます。この復活の望みと、本当に神さまの守りと、豊かな報いをやっぱり見せてくださいます。

私たちは恐れの奴隷となってしまうこともよくあると思います。もつれてしまった人間関係の中で、相手の反応を恐れて率直に語り合うことができなくなってしまうこともあります。そうなると衝突を避けようとして、表面的にやり過ごしてしまうこともあります。あるいは逆に、自分を守るために恐れの裏返しの強い怒りをぶつけてしまうということもあります。どちらにしてもそこには愛する自由ではなくて、私たちを愛することから遠ざけ、縛り付けてしまう恐れや怒りや不安といったものがあります。それでもイエスさまは、どんな恐れからも、何度でも私たちを解放してくださいます。そして、愛し合うことにきちんと取り組むことができるようにしてくださいます。他にもいろんなことの奴隷、例えば罪の奴隷、不信仰の奴隷、誘惑の奴隷など、どんなところからでもイエスさまは解放を与えてくださいます。「あなたがたが耳にしたとおり、今日、この聖書のことばが実現しました」とおっしゃるイエスさまが解き放ってくださいます。そのために十字架についてくださり、ご自身が復活していのちを与えてくださったのです。

私が若い頃よく聞いたメッセージに、こういうメッセージがあります。聖書を読み進めていくと、ご存知のようにこの後でイスラエルは約束の地に侵入していきます。この土地、つまりカナンの地はあなたたちに与えると神さまは言われているのですが、実際にはそこに先住民が住んでいるので、そこに踏み込んで行って、踏み取っていくことになります。自分の足で踏んだところだけが神さまに与えられるという意味です。ですから、すでに与えられているのは確かなことだけれども、実際には一歩一歩を自分の足で踏み込んでその信仰や恵みを現実のものとしていきなさいと、そのようなメッセージをよく聞いていました。私はこれを聞いて、なるほどと思いました。心が燃やされるものもありました。

それでも実は、時々はちょっとしんどいなと思うこともあります。確かに私たちは、イエスさまが約束してくださって、もうここに実現しているとおっしゃってくださった解放を、聖書に書かれた文字として見ているだけではなく「そのように生きます」と言って現実のものとして受け取り、「あなたは赦し合うことができる」と言われたら赦し合い、「あなたは恐れることはない」と言われたら恐れない生き方を踏み取っていく必要があるかもしれません。しかしながら、ふと思うことはないでしょうか。「踏み取る」と言うととても勇ましいことのようで気後れしてしまうことはないでしょうか。あるいは当時よく使われていた表現で「戦いとる」という言葉も、自分が頑張って勢いをつけるという印象がないでしょうか。ひょっとすると、今年は猪年ということを思い出して猪突猛進していかなければならないという錯覚とか誤解を抱いてしまうことがあるかもしれません。

私自身も以前は、信仰というのはものすごい勢いで向かっていかなければならないもののように思っていた部分があると思います。でも今の私だったらもう少し違う言い方で聞きたいかな、あるいは語りたいかなと思います。先ほどのルカ4章のところでイエスさまは、ナザレというご自分の故郷で「主の恵みの年、それが今日実現したんだ」とおっしゃいました。これは約束しておくからそれを自分で踏み取りなさいという言葉とは違います。「実現したんだ」というわけです。ところがこの後何が起こるかというと、それを聞いたナザレの人びとは「この人はヨセフの子ではないか」と言って、多くの人たちがイエスさまのご発言に大変な戸惑いを見せました。またこの後に続く4章28節を見ると、これらの事を聞くと会堂にいた人たちは皆ひどく怒り、立ち上がってイエスを町の外に追い出し、町が建っていた丘の崖の縁から投げ落とそうとしました。イエスさまが来られたその時に主の恵みの年は実現したのですが、人びとはそれを受け入れませんでした。イエスさまを小さくしてしまいました。イエスさまが与える自由を小さくしてしまったのです。この場合は、全く受け入れなかったということとほとんど同じことを言っています。実現しているものを彼らは喜びませんでした。実現しているものを自分のものとすることができませんでした。

イエスさまが実現したとおっしゃった恵みは、自分で踏み取りに行くというよりは恵みの方からザアカイの家にやってきたような性質を持っているので、私たちはすでに恵みに包まれて覆われています。私たちがしなければならないのは、その恵みを小さくしないことだけです。もうすでに「あなたがたが耳にしたとおり、今日、聖書のことばが実現しました」と、イエスさまはおっしゃってくださっています。私たちは「そうですか」と言って、それを小さくしないで受け入れるのです。ザアカイは「救いが私の家にやってきたんだ、私にやってきたんだ、主の恵みの年がもう実現したのだ」とそういうふうに受け取ることができました。私たちもやはりそのようにみ言葉に立ちましょう。み言葉に立つのです。

私たちは礼拝に出席してみ言葉を聞いたり、あるいは自分でお祈りしてみ言葉を読んだりしても、どうも主の恵みの年がすでに実現した気がしないというのはよくあることだと思います。それは、自分を取り巻いている状況とか体調とか、あるいは心の調子だとかいうことにも影響されているのかもしれません。正直に申し上げれば私自身でさえもヨベルの年が、恵みの年が実現していないんじゃないかというような気がすることがよくあります。私たちは人間ですから色々と気持ちが変わることが常なわけですが、そうした私たちの「気がする」とか「しない」とかいうことが原因で、神の民とされている私たちの今日が決まってしまうなんてことがあるでしょうか。み言葉には「もう実現した」とあるのに、私たちは一時間やそこらであっちに傾いたりこっちに傾いたりとふらふら変わってしまう性質を持っています。その程度の気持ちの移り変わりで人生が変わってしまうような、そんなものに私たちはずっと振り回されて生きていかなければならないのでしょうか。

そうではありません。やはり、み言葉が本当なんです。私の気がするか気がしないかというよりも、イエスさまがご自身の生涯と死、そしてよみがえりによって宣言してくださったみ言葉の方が本当なのです。どっちが本当か、そのように思えなくてもそっちが本当ですから、私たちがどうこう言うことではありません。私たちには、今日、この瞬間、あなたがたが聞いたとおりに、もうすでに自由が実現しました。主の恵みの年が、ヨベルの年が私たちに訪れて、当時のイスラエルの人びとが従うことのできなかった自由がすでに実現しているのです。それを小さくしないでそのままに受け取って、そしてみ心に沿って喜びましょう。イエスさまのお心は、私たちが喜ぶことです。自由を喜びましょう。自由を喜び、味わうことを喜ぶことがイエスさまのお心ですから。

このヨベルの年が互いの内に実現していることを、今日もお互いを祝福し、喜び合いたいとそのように願います。

まっすぐ立つために

聖書　レビ記26章1～13節

1 あなたがたは自分のために偶像を造ってはな
らない。また自分のために彫像や石の柱を立てて
はならない。あなたがたの地に石像を立てて、そ
れを拝んではならない。わたしがあなたがたの
神、**主**だからである。2 あなたがたはわたしの安息日を守り、わたしの聖所を恐れなけれ
ばならない。わたしは**主**である。3 もし、あなたがたがわたしの掟に従って歩み、わたし
の命令を守り、それらを行うなら、4 わたしは時にかなってあなたがたに雨を与える。そ
れにより地は産物を出し、畑の木々はその実を結ぶ。5 あなたがたの麦打ちはぶどうの取
り入れ時まで続き、ぶどうの取り入れは種蒔きの時まで続く。あなたがたは満ち足りるま

でパンを食べ、安らかに自分たちの地に住む。6 また、わたしはその地に平和を与える。
あなたがたはだれにも脅かされずに寝る。また、わたしは悪い獣をその国から除く。剣が
あなたがたの地を行き巡ることはない。7 あなたがたは敵を追い、彼らはあなたがたの前
に剣で倒れる。8 あなたがたの五人は百人を追い、百人は一万人を追う。あなたがたの敵
はあなたがたの前に剣によって倒れる。9 わたしはあなたがたを顧み、多くの子を与えて
あなたがたを増やし、あなたがたとのわたしの契約を確かなものにする。10 あなたがたは
長く蓄えられた古いものを食べ、新しいものを前にして、古いものを片付けるようになる。
11 わたしは、あなたがたのただ中にわたしの住まいを建てる。わたしの心は、あなたがた
を嫌って退けたりはしない。12 わたしはあなたがたの間を歩み、あなたがたの神となり、
あなたがたはわたしの民となる。13 わたしはあなたがたの神、**主**である。わたしはあなた
がたを奴隷の身分から救い出すために、エジプトの地から導き出した。わたしは、あなた
がたのくびきの横木を砕き、あなたがたが自立して歩めるようにした。

今日でレビ記は終わりです。レビ記の17章から26章を「神聖法典」と呼ぶことがあります。これを守らなければ神の民に加わることができない、という掟のように聞こえるかもしれま

せん。けれどもいつも申し上げる通り、まず出エジプトがあって、それからシナイ山がある。つまりイスラエルは律法を守ったから救われたのではない。まず救われ、その後で「神さまとともに歩く歩き方」として律法を与えられたのです。ですから「神聖法典」は、神の民のドレス・コードと呼んでもよいでしょう。ドレス・コードとは、その場にふさわしい服装の基準です。そのように神の民にふさわしい生き方、あり方を教えるものです。このことを次のみ言葉も指し示しています。

「あなたがたは、わたしにとって聖でなければならない。主であるわたしが聖だからである。わたしは、あなたがたをわたしのものにしようと、諸民族の中から選り分けたのである。」（20・26）

まず神さまが選り分けてくださり、それから聖なるもの、神さまにふさわしいものとしてくださるのです。

ドレス・コードの一つに、占いやまじないの禁止があります。

「あなたがたは霊媒や口寄せを頼りにしてはならない。彼らに尋ね、彼らによって汚されてはならない。わたしはあなたがたの神、主である。」（19・31）

自分が不安なときに、ちょっと占いに頼ってみる。そのどこがいけないことなのだろうか。神さまを信じることをやめたわけではないのだから、と思うかもしれません。けれども、神さま以外にも頼れるものがあるなら頼ってみよう、というのは神さまの愛をないがしろにすることです。だから神さまとともに歩く民にふさわしくないのです。

神聖法典が最後にもう一度くり返すことは「偶像を造ってはならない……それを拝んではならない」ということと「安息日を守」ることです（26・1〜2）。偶像は実際には存在しない神。それを造って拝むとは、自分の願いを実現するために神を造り出すことです。だから偶像を拝む者は、自分の願いがかなわない時には神さまを退けるのです。しかし、もし神さまが私たちの願いをかなえてくださらないのなら、そこには愛による理由があるはずです。もっと良いものを備えておられるのかもしれません。あるいは、私たちがそれを受け取って正しく用いることができるように成長させてくださっているのかもしれません。そんな神さまのお心を軽んじることが問題なのです。

ですから、偶像礼拝とは神社やお寺に行って神仏を拝むことだけではありません。むしろ私たちに「何がなんでも神さまに言うことを聞かせたい」という思いがあるなら、それこそが偶像礼拝です。自分の思い通りに動く神を造り出すことだからです。神の民は、思い通りにならないように見えるときにも神さまの愛を信頼します。私たちの願いよりも神さまのみ心の方が私たちにとって良いことなのですから。

安息日を守ることは、ただ働くことを止めて休むことではありません。神さまには願いがあります。それは私たちが神さまに心を向けて、神さまとともに時を過ごすことです。神の聖なる民とは、そんな神さまの愛を知っている民です。たとえば礼拝。もちろん、礼拝には祝福があります。教えられ、成長させられ、励まされ、慰められます。けれども礼拝の最大の祝福は、私たちがその場にいることを神さまが喜んでくださっているということです。私たちは神さまの喜び。ルカの福音書15章において、主イエスは見失った羊、失くした銀貨、そして放蕩息子という三つの「失くしもの」のたとえを通して、この神さまの喜びを語ってくださいました。これを知るなら、私たちは深いところで変わっていきます。深いところで教えられ、励まされ、成長させられていくのです。

先日は、和歌山県にあるすさみ教会に招かれました。そこで、前からやりたいと思っていたことを実験してみました。それは、礼拝の中で神さまをほめたたえることに集中すること。説教の最初に皆さんに、できるだけメモをとらないでくださいとお願いしました。下を向いてメモを取るのではなく、お互いの顔を見ながら神さまを喜ぼうと言いました。メモを取らなくても、礼拝が終わったら要約を配ります、要約だけで足りなかったら録音したものを差し上げますと言いました。すると実験は大成功でした。本当に良かった。実はその日、私の生涯でいちばん長い説教をしました。1時間4分です。でも、皆さんは後で「ちっとも長く感じなかった」とおっしゃっていました。「顔を見て、集中して聞くととても良くわかった」と言う人もおられました。明野教会でもやってみてもいいかもしれないと思います。もちろん1時間以上説教しようとは思いません。けれどもこの礼拝の中で、今神さまは私たちがここにいることを喜んでくださっている。私たちも今、この時を喜ぶ。そのことをいつも忘れないようにしたいと思うのです。

神さまは、ご自身とともに歩む民に祝福を約束してくださっています。「満ち足りるまでパンを食べ」るという物質的な祝福（26・5）。また、「わたしはその地に平和を与える」という平和の祝福です（26・6）。しかし、神さまの祝福の中心は11～13節です。

「わたしは、あなたがたのただ中にわたしの住まいを建てる。わたしの心は、あなたがたを嫌って退けたりはしない。わたしはあなたがたの間を歩み、あなたがたの神となり、あなたがたはわたしの民となる。」(26・11〜12)

神さまがご自身の民の中に住み、ともに歩み、愛し合う交わりを造り出してくださることが最大の祝福なのです。

昨日の「一年12回で聖書を読む会」では、使徒信条の「われはそのひとり子を信ず」というところを学びました。神のひとり子とはいったいどういうことなのか。神さまが私たちのところへ来てくださり、私たちとともに生きてくださった。神さまが私たちを愛してご自分を見せてくださった。ある牧師はこれを「異常なことだ」と言いました。「神が人となってこの世界に来てくださるのは常識的ではない。非常識といってもよいことだ。驚くべきことだ」と。そんな驚くべき、異常とも言えることを神さまはしてくださいました。「神のひとり子」を信じるというのはそういうことなのです。

神さまと私たちが互いに愛し合うことができるように、神さまはこの寒くて痛みに満ちた世界に来てくださった。そのことを信じて喜ぶこと。昨日、参加された方がたは、それぞれに思いを巡らし、核心に迫る質問をしてくださいました。この方がたが信じることができるようにと祈りたいと思います。それとともに、この驚くべきことを信じることができた私たちの恵みを、あらためて喜びたいのです。私たちは神さまが私たちの間におられることを知っています。主イエスが今、ここで、私たちを喜んでおられることを知っているのです。それだけではありません。神さまは私たちの中に住んでくださるだけではないのです。

「わたしはあなたがたの神、主である。わたしはあなたがたを奴隷の身分から救い出すために、エジプトの地から導き出した。わたしは、あなたがたのくびきの横木を砕き、あなたがたが自立して歩めるようにした。」（26・13）

神さまは苦しむイスラエルをそのまま見ておられることができません。だから重いくびきの下で身をかがめるイスラエルをあわれに思って解き放ってくださったのです。イエスは、十字架の上で私たちを解き放ってくださいました。罪のくびき、孤独のくびき、絶望のくびきを打ち砕いてくださった。復活して、新しい命を私たちに注いでくださった。弱り果てていた私たちを、まっすぐに立って歩くことができるようにしてくださった。ヨハネの福音書8章を開きましょう。

「イエスは、ご自分を信じたユダヤ人たちに言われた。『あなたがたは、わたしのことばにとどまるなら、本当にわたしの弟子です。あなたがたは真理を知り、真理はあなたがたを自由にします。』彼らはイエスに答えた。『私たちはアブラハムの子孫であって、今までだれの奴隷になったこともありません。どうして、「あなたがたは自由になる」と言われるのですか。』イエスは彼らに答えられた。『まことに、まことに、あなたがたに言います。罪を行っている者はみな、罪の奴隷です。奴隷はいつまでも家にいるわけではありませんが、息子はいつまでもいます。ですから、子があなたがたを自由にするなら、あなたがたは本当に自由になるのです。』」（ヨハネ8・31〜36）

かがんだ姿勢が身についてしまっているような私たちです。「どうせ私は……」と口ぐせのように言ってしまいます。けれども、主イエスはそんな私たちをまっすぐに立たせてくださいます。だからもう私たちは自分を責めてはなりません。主イエスが赦しておられるのに、さらに自分を責め続けるようなことがあってはならないのです。

すさみ教会でも、このことをお語りしました。「たとえ自分の心が責めたとしても、安らかでいられます。神は私たちの心よりも大きな方であり、すべてをご存じだからです」（Ⅰヨハネ3・20）と語りました。すると礼拝の後で一人の方が「私はこれで良いのですね」とおっしゃった。そう聞かれても、その方のことを何も知らないので答えようがありません。でも、その口調は「これで良いかどうか」訊ねるようではなかったんです。「私は主イエスに良しとされている」という信仰を言い表されたように聞こえました。ここにも主イエスによって解き放たれた方がおられる、と嬉しくなりました。

レビ記26章14節には「しかし、もし、あなたがたがわたしに聞き従わず、これらすべての命令を行わないなら」とあります。続く部分には、イスラエルが神さまとともに歩こうとしない場合のさまざまな災いが記されています。けれども神さまは、脅かすことによってイスラエルを従わせようとしておられるのではありません。

「もし、これらのことが起こっても、あなたがたがなおもわたしに聞かないなら……」

（26・18）

「もし、それでも、わたしのこの懲らしめをあなたがたが受け入れず、わたしに逆らって歩むなら……」（26・23）

「これにもかかわらず、なおもあなたがたが、わたしに聞こうとせず、わたしに逆らって歩むなら……」（26・27）

と繰り返されます。神さまは、神さまとともに歩こうとしない民をあきらめないのです。神さまは、民がご自分に立ち返るために、何度でも語り続けてくださるのです。44節には神さまを愛さなかった結果、イスラエルが敵の国に連れ去られた場合のことが記されています。それはイスラエルの罪の結果です。しかし神さまはこうおっしゃいます。

「それにもかかわらず、彼らがその敵の国にいるとき、わたしは彼らを退けず、彼らを嫌って絶ち滅ぼさず、彼らとのわたしの契約を破ることはない。わたしが彼らの神、**主**

だからである。」(26・44)

イスラエルが神さまから与えられた土地を失ったとしても、神さまのイスラエルへの愛は変わることがありません。

キリストのものとされた私たちクリスチャンの生涯にもさまざまなできごとが起こります。悲しみに打ち倒されることがある。大きな試練に苦しむこともある。時には罪を犯して み心を痛めてしまうことも。そんな時、私たちは悲しむ。主イエスが打ち砕いてくださったはずの罪のくびき、孤独のくびき、絶望のくびきに、再び押さえつけられたように思う。背骨がゆがむほどに苦しむ。けれども、主イエスは私たちをあきらめることをなさいません。私たちを何度でも、何度でも、まっすぐに立たせてくださる。そしてどんなところからでも、もう一度、主イエスとともに歩くことができるようにさせてくださるのです。

焚き火を囲む校正者のおまけ集——解説に代えて

山田風音

この説教集の一巻から校正をお手伝いさせていただいています。毎回、最初の読者の一人として、大頭先輩におまけとして「感想」を添えていたのですが、「それをまとめて解説にしたい」とのこと。びっくりしましたが、この説教集を読んでくださるお一人お一人がご自身の思いや感想を率直に表す助けになればと思い、了承いたしました。焚き火を囲みながらの他愛もない雑談として、神学者でも牧師でもない一平信徒の感想として、純粋に「おまけ」として読んでいただければ幸いです。

神に会うために

「言葉を曲げるほどに心を痛めてくださっている神さまの愛」というフレーズに心を打た

れました。ここに描かれているのは何と人間的な神さまでしょうか。「冒瀆」とさえ言えるほどに人間的な神さま。でも、よく考えれば神さまは真に人間的なお方であるはず。だってむしろ私たちが神さまのかたちに似せて作られているのだから。神さまと私たちが全然違っているという圧倒的な差異だけを強調すると、それこそみ言葉に否と言うことになるのかもしれません。

先日は私たち夫婦の初めての結婚記念日でした。その中で妻が「私たちが楽しんだり喧嘩したりするのを温かく見守っていてくださってありがとうございます」ということを祈りました。私たち夫婦の中にちゃんと「人間らしい神さま」がいてくださることが本当に嬉しかったです。そしてその時に本当に、この一年「三人」で歩んで来たんだと心があったかくなりました。

話が逸れましたが、こういう温かい神さまがレビ記から、無理せず自然に語られると言うことはとても大きいことだと思います。聖書がどのような意味で神の言葉か、ということの一つの（論理的ではないけど）具体例ですね。自分で書きながら思いましたが「無理せず自然に」というところが大事ですね。会衆にはついて行けない釈義を駆使するのではなく。

神に近づくために

普通に聖書を読んでいると、あの「金の子牛事件」から「アロンの任職」までずいぶん間が空いてしまうのでつながりが見えないんですよね。しかもその間にあるのは幕屋の設計とか儀式の詳細とか、一見すると「ハード」な内容ばかりなので、アロンの心中とかそういう「ソフト」な部分がいつの間にか抜け落ちてしまう。そしてまた、なんだかよくわからない細かいことばかりを命令する神さまのイメージになってしまう…。聖書の中の人間像も神さまのお姿も無機質に見えてしまいます。でも今回の説教で、人間アロンと愛の神さまを改めて描き直して頂いた。そんな感じです。

あと中段で「キリストの十字架は事実です、本当です、変わらない、動かない」と宣言されるその安心感たるや。本文中には引用されていませんがヘブル人への手紙13章8節のエコーが聞こえます。教会とはこのエコーを響かせ合う場所かもしれません。もちろん実感を持ってそう告白できる時は仲間のためにそう宣言する。でも自分が弱くて自信がなくてそう言えないときには講壇から、また仲間からそのエコーを聞きそこに安心して信頼する。人から人へ、また世代から世代へとそのエコーを引き継いできたのが教会なのかもしれません。

「むんずと掴む」のフレーズで引用されている高倉徳太郎先輩も調べてみるとなかなか興味深い方です。そしてルター同様に鬱と戦った先輩でもあるようです。「キリストにむんずと捕まれて。」これが強い人ではなく、弱さを抱えた先輩方（そこにはもしかしたら大頭先輩も含まれるのかもしれません）によって紡がれた言葉であることも、また励ましなのかもしれません。

神のみ前に生きるために

ローマ書を講解し始めた辺りから「今回はものすごい熱量だなぁ、アクセル全開だなぁ」という感じで、もう筆が走っているというか、乗っている感じが文字を通しても伝わってきて、校正そっちのけで読み進めてしまいました。

ここで語られている牧師像で特徴的なのは「一緒に聴く牧師」だろうと思います。おそらくたくさんの牧師先生方がご自身を「語るもの」と定義されるのだろうと思います。そしてそれは全然間違いではないと思います。「教える牧師」もいらっしゃるでしょう。でもそんな中「ともに聴く牧師」というイメージがとても新鮮に感じます。そこには「主は必ず誰にでも語ることがおできになる、そして人はそれぞれの方法でちゃんと主に聴くことが出来る」という信仰が裏書きとしてあるのだろうと思います。時間をかけてゆっくりとその人が神さまのみ声を聞き取るまで、ともに聴き続ける。先輩の尊いお働きを感謝いたします。また私がお世話になっている自分の教会の牧師先生のご苦労や心中をお察しし、改めて祈らされます。

神に赦されるために

今回はあちらこちらで先輩の想いが溢れ出して、ちょっとした洪水になってた感じです(笑)。あちこち治水工事をしてたので校正に時間がかかりました。「もしかして、特別な人が礼拝に集っておられたからいつも以上に気持ちが入ったのかなぁ」などと想像しながら校正させていただきました。

教会で「愛されています」というメッセージを聞きながらもそれを実感できずに育つと「神さまの愛を実感できない自分」に対する自信がなくなっていきます。自分は何か、どこかおかしいのではないかと思ってしまいます。感情の押しつけ、あるいは感情的暴力とでも言えるかもしれません。「愛されているって感じなければならない。感じていなければならない。感じているふりをしなくてはならない…。」結構深刻なひねくれ方です。私だけではなくて妻ちゃんにもそんなところがあります。婚約期間中に「私、十字架の意味がよくわからない」と告白してくれたのですが、私が「そんなのわかったら人間生きていけないのかもしれないよ。わかんなくたってかまわないじゃないの」と言ったのがすごく安心だったそうです。

この説教の中で抱かれて愛を知っていく赤ちゃんのモチーフが大きく取り上げられていますが、まさに私たちは頭の理解ではなく、あるいは感情的な操作でもなく、時間をかけてゆっくりと愛を知っていくのだと思います。そのようにして神さまの愛は身体に染みていくのだと思います。

あと最後の方で喜んで自発的にご自身を献げてくださったキリストのイメージが出てきますが、日本人は真面目だからなのか、どこかで「我慢して自分を押し殺しながら十字架にかかったキリスト、歯を食いしばるキリスト」というイメージを強く持っている気がします。暗くて静かで、苦虫を押し殺したようなキリスト。もちろん福音書が記録するようにそういう部分もあるのでしょう。でも聖書を大きく読むならば、やっぱり十字架のキリストの喜びはもっとフォーカスされても良いと思うのです。それでこそ、私たちも彼に似たものとしてこの社会に仕えていくことが出来る。我慢して仕えても結局誰も得をしません。その人からにじみ出る苦悶や矛盾はひしひしと伝わっていきます。日本的な我慢のキリストではない、自発的、主体的に愛を選び取られたキリスト像は先輩のようにもっと大胆に語られてもよいなぁと思います（もちろん十字架の苦しみや痛みとセットで）。

ちょっとグチっぽい感想になってしまいすいません。

もろびとこぞりて

「私たちの力によらず、【しかも】私たちを通して働かれる神さまを知ったのです」という一文が印象深く感じられました。たぶん一読者として読んでいたら読み飛ばしていたのですが、校正の目で見たときにすごく考えさせられたんです。校正というと誤字脱字のチェックが主になることも多いのですが、先輩の説教集に関しては僭越ながら「先輩の頭の中を想像しながらよりよい表現を考える」という作業をさせていただいています。そうしてみたときにさっきの一文、すごく心に留まったのです。

普通は「私たちの力によらず、【しかし】私たちを通して働かれる神さまを知ったのです」と逆説でつなぎそうなものです。実際私も講壇からそういう言葉が語られるのを何度も聞いてきました。「人間の力なんかに頼らなくても何でもご自身で出来るお方が、しかし私たち人間をあえて用いてくださる」という理解。でもこの説教の中ではなぜか添加の接続詞「しかも」が登場する。神の全能や権威と私たちの存在意義が「妥協」や「譲歩」という関係ではなくて、もっとあったかい何かでつながれている様な印象です。実は一週間ぐらいずーっと考えてきたのですが、やっぱり上手く説明できないでいます。（ちなみに、もしかしたら、単に講壇の上で言い間違えちゃったのがそのまま録音されて字になっちゃっただけかもしれませんが……）

あとムクウェゲさんのお話を通して「構造的な罪」の問題がさらりと触れられているのも考えさせられました。私たちの使うスマホやパソコンなどの電子機器とコンゴでの強姦によるコミュニティーの破壊が実はつながっているという…。今回、この校正のために調べてみて初めて知りました。嘘や殺人など良心が痛むことだけが罪なのではなく、実は良心に訴えかけることもない様な巧妙な罪の構造がこの社会にたくさん潜んでいる。それが「父母を大切にできない」というとてもパーソナルで切実な罪と不思議な形で結びつけられる。そしてどちらがより重要かとか言わないでどちらも「罪の問題」として提示され、どちらの解決も主イエスの癒やしと再創造であると語られる。そんなところが今回の説教の素敵なところだなぁと思いました。

実は個人的にはこの「構造的罪」の問題は道徳的、内面的な罪ばかり見て「私のためのイエス・キリスト」だけで満足してしまいがちな私たちにとってすごく重要な問題だと思っています。なのでほんとはもっと書きたいのですがとりあえずここまで……。

感謝と喜びを

今回もてんこ盛りでしたね（笑）。分量もかなりありましたねー。校正に三日かかりました！　さすがにお腹いっぱいです。全部読み終わると最初の方に何が語られてたか忘れてるっていう（笑）。でもいつでも見返せるのが本の良いところです！

アナ雪が公開された年は、私は保育士一年生でした。二歳児が「ありの〜ままの〜」と歌いながらパンツを脱いでトイレに行くのがかわいかったですね（笑）。それがきっかけで、珍しく映画館に見に行きました。「あぁ、この物語は人生に冬があるということ、孤独の冷たさをよく知っている人の作品だな」とひしひしと感じたことをよく覚えています。吹き替えだけでは満足できず、その後もう一回字幕でも見に行きました。

「ありのまま」だけがもてはやされる違和感も感じましたし、あれを「ありのまま」と訳したディズニーのセンスにも震撼しました。さすがとしか言いようがありません、日本人の求めていることをよく分かっておられる……。また同時に一部のクリスチャンの中で「あれは同性愛肯定の映画だから見るべきではない」と言われているのを見て悲しい気持ちになりました。当時の私は今よりもその問題に対する認識も立場もはっきりしていませんでしたが、それでも「物語」というものを複眼的に見ることができない、"for or against"（賛否の表明を迫る姿勢）でしか捉えることのできない感性の貧しさに、とっても悲しい気持ちになりました。と同時に、自分自身もそういう世界観の中にどっぷりつかって育ってきたのだということに恐怖を覚えもしました。

今回の本題であるレビ記の死刑の記事についてですが「そんなことを命じる神を神として良いのか」という問いに対して、先輩は自然体で無理をせず「激しさ」をテコにしてお答えくださったのだと思います。学生時代に教えられたことの一つに「聖書を読むときは反対の箇所、矛盾する箇所をちゃんとあたれ」というのがあります。そういうことを教えてくださる方が身近にいたことが、今思い返せば本当に感謝でした。今回の箇所で言えば、ダビデの殺人と不倫はまさに聖書の矛盾でしょう。でもそこから神さまがどんな方であるのか、そして神の愛がどのようなものであるかが透けて見えるのですね。

私は身勝手なので「神の愛」というときに、マシュマロのような、ふわふわした、当たり障りのない愛を想像しやすいです。そちらに流れてしまいます。現代っ子ということかもしれません。（まぁ星飛雄馬の父みたいな方向に流れていくのもどうかと思いますが…。）でもそういう愛のイメージに当てはまらない箇所が聖書にちりばめられていることで、私たちの理解と聖書が語ることのズレに気がつくことができるのでしょう。「あれ？」と思う瞬間は神さまが私たちを取り扱ってくださる瞬間なのかもしれません。

すいません、説教がてんこ盛りだったのでおまけもてんこ盛りになりました（笑）。

今日を生きるために

実は短期宣教師時代に何度かさせていただいた説教の一つが「私たちと一緒にいたい神さ

ま」というタイトルでした。聖書の中に「あなたと一緒にいたい」という神さまの思いが溢れている、ということをまとめてお話ししました。その後、人生挫折して、信仰も挫折して「なんで自分はあんなこと語っちゃったんだろう」って後悔もしました。でも説教って誰が一番聞いてるって、語る自分自身なんですよね（笑）。先輩の説教を読ませていただきながら、自分が語らせていただいたことと重なって心が震えました。神さまが、私の中で以前語ってくださった事をもう一度呼び起こしてくださった様な、そんな温かさを感じました。み言葉は電子レンジかもしれません。冷えてしまったもの、凍ってしまったものをもう一度温めてくださいます。

今回のメインのテーマは「礼拝」だと思うのですが、プロテスタントの礼拝ってどうしても説教が中心なので「講座」とか「講義」とか「知的な情報伝達」のようなイメージが先行してしまいますが、聖餐に見られる様に実際はずっとずっと神秘的なものなのですよね。

私自身、重い体とそれ以上に重い心をなんとか引きずりながら礼拝に行き、そして「不覚を取る」こと多き者です。でもあるときから「礼拝とは身体的な営みなのだ」と思える様になってきました。つまり体を動かしてその場へ行く、その行為それ自体が礼拝なのだろうなぁと。あるいは「礼拝出席」ではなくて「出席が礼拝だ」という感じ。オリンピックではないですが「参加することに意義がある」的な。

「現代人は意味の病にとりつかれている」と何かの本で読んだことがあります。何をするにもその意味がその場で理解できなければ「無意味だ」とそれを切り捨ててしまう態度。礼拝も意味を問うと、なかなか抽象的で難しい。明確で即効的な「御利益」があるわけでもない（稀にそういうときもあるけど）。あるいは「神とともに生きる」ということにも意味を求めて、それが説明されなかったり理解できないと投げ捨ててしまう。

でもそこに意味など要るのか。今回の説教でも語られていた様に、神とともにいることそれ自体が一番喜ばしいこと。それは「意味」として理解すると言うよりは、毎週毎週地道に通い続けて体で覚えるものなのかもしれません。意味を問うこと自体を「安息」して、ただその場にいる時間……。

なんか難しいことを考え始めて収拾が付かなくなりました（笑）。それにしても説教も聖書も、言葉なのに言葉の向こうへ誘われる感じがします。

自由に生きるために

語られている先輩ご自身が「ヨベルの年が実現しているとは思えないときもある」とおっしゃっていますが、校正を終えた私も正直そうです。なんだかキツネにつままれたような、風に吹き抜けられて置いて行かれた様な感じ。とっても爽やかな心地良い説教を聞いた。でもなんだかその風に乗り切る事ができずに立ちすくむ自分がいるような気がします。

何度か読み返してみました。勝手に「ヨベルの年はこれから実現する終末の予表なんだ」と思い込んでるところがあったのですが、先輩は一貫して「すでに成就した、実現したのだ」と語られる。将来の事なんか触れもしない。一貫して今、この時に自由が実現しているのだと言われる。きっとナザレの会堂でイエスさまの宣言を聞いた人びとも、おんなじ気持ちだったのかもしれません。「そうは言っても……、たしかにそうなら嬉しいんだけど…」と二の足を踏んでしまう。

でも自分が納得できるから良い説教、正しい説教というわけではないはず。むしろ私たちの心の内に疑問や不安、割り切れなさなど不思議や神秘の爪痕を残すのも説教の大事な役割なのかもしれない、と一信徒として思います。実感できない、納得できない、でもだからこそ先輩がおっしゃるとおりに「語られたことに信頼する信仰」に歩む。

ふと想像するのですが、仮に本当にヨベルの年が実現したとしても人びとは実感が湧くんだろうか。「今年は解放ですよー！」って言われたって、五十年の間に身体に染みついてしまった生活習慣や考え方は一瞬で変わることはないいんじゃないかな。むしろ人びとはそろそろ、おずおずとちょっとずつ、半信半疑で動き始めるのかもしれません。「もうあの土地にもどって本当に良いのかな?」と確信できぬまま旅立つ。あるいは「もうこの主人の下を出ても本当に怒られないのかな? 引き留められないのかな?」とビクビクしながら家を出る。そうやって先ず行動してみる。その後少しずつ、本当に大丈夫なのだ、本当に解放なのだという事がじわじわ実感されてくるのかもしれません。私の勝手な想像ですが。

私も半信半疑で「不思議な不思議なヨベルの年」を生き始めてみようかなあ……。

まっすぐに立つために

「実験」のくだりは興味深く読みました。たしかに、言われてみれば、説教を聞きながらメモをとったり聖書に目を落としたりしている間に、いつの間にか礼拝の「今、ここ」から自分がこぼれ落ちてしまっていることってあるなぁと思います。生きた神の言葉がまさに発話され、語られているのに、もったいないことかもしれません。自分も次の主日礼拝で意識してみようかなぁ。

でも、同時に、そういう礼拝って目を上げて語る説教者と、頭を上げていのちを聞き取ろうとする会衆の両方がいて、はじめて可能なこと。「牧師さんがやってる礼拝を鑑賞する」なという意識が、ともすると信徒の心のどこかに、というか私の中にも潜んでいるなぁと反省。オンライン礼拝を余儀なくされている今こそ「私も礼拝の要素の一つなのだ、礼拝を建て上げるレンガの一つとして置かれているのだ」と自覚したいと思います。

「私はこれで良いのですね」という言葉、そして大頭先輩の受け止めも心に残りました。もしかしたら私たち日本人クリスチャンは「自分のことを責めていじめて卑屈になることが謙遜であり敬虔だ」と思ってしまう節があるように思います。私にもそういう所あります。まさに「自責のくびき」「偽謙遜のくびき」。でもそれでは見目麗しいかもしれないけれども歩くことができない。イエスさまとこの世を耕すという大事な仕事ができない。

そう、これ書きながら気が付きましたけど、私たちがイエスさまと歩くっていうのはくびきのたとえそのままに、この世を耕す歩みなんですね。「自分いじめをやめて、立って一歩ずつで良いから歩きなさい、この世を耕しなさい」と語っていただいている気がします。

（ライフストーラー企画社主）

前田　実（まえだ・みのる）【写真も担当】
中日本印刷（株）入社を経て 1986 年広告会社。1993 年 12 月 日本福音ルーテル知多教会にて明比輝代彦牧師より受洗。1999 年超教派賛美 CD『UNITY 〜サイバースペースのクリスチャンたち』（ヨベル）刊行の企画・製作に関わる。2014 年 4 月日本イエス・キリスト教団知多教会に転会。2016 年 9 月 心室細動にて心停止後蘇生。

宮澤一幸（みやざわかずゆき）
長野市出身。1960 年生まれ。大阪府枚方市在住。教会学校から教会に導かれ、高 1 時に受洗。2013 年 3 月から京都府八幡市の明野キリスト教会員。妻、子 2 人、孫 2 人あり。趣味はトレイルランニング、楽器演奏。

中道　平太（なかみち・へいた）世を忍ぶ公然の偽名、それが中道平太。右にも左にも逸れず真ん中の道を往きたいと望み、ペテロ（Peter）のように見栄を切ってもイエスから見放されない傾奇者でありたいと願うが、見た目の割には気が弱く優しい(本人談)。魚突きを趣味として始めたが、耳抜きが下手でまだ獲れたことがない。武庫之荘めぐみ教会の信徒。うるさいバイクに乗ってどこにでも出没する。

［さし絵］早矢仕“じょ〜じ”宗伯（はやし・ひろたか）
「New Creation Arts Movement イエスの風」フリーランス牧師画家。1965 年生まれ。京都出身。18 歳の時、イエスに出会い、その生き方に憧れ、イエスの Follower（クリスチャン）となる。1993 年より日本福音自由教会の牧師として埼玉、東京の教会で働く。2017 年、フリーランス牧師画家となり活動を開始。アート、生き様を通してイエスを表現し、神の国の訪れを宣べ伝えようと奮闘中。
● https://www.windofjesus.com
現在、キリスト教放送局 FEBC「Session~ イエスの Tune に合わせて」番組担当。
● http://netradio.febcjp.com/category/music_talk/sess/

田中　殉（たなか・もとむ）
1980年、新潟県生まれ。国際基督教大学教養学部教育学科卒業。教科書の出版社勤務を経て、東京基督神学校に学び、2008年から久遠キリスト教会伝道師、2017年より同教会関西集会牧師。日頃気をつけているのは、「正反対の内容でもよくよく聞いてみると、同じことを言っている」ということ。幼稚園の父親仲間とおやじバンドをお休み中。
https://www.kuon ～ kansai.org

中山真美子（なかやま・まみこ）
兵庫県芦屋市生まれ。神戸女学院大学大学院修了。母方の祖父は浄土宗僧侶、祖母は京都の寺の娘というキリスト教とは無縁の環境で育ち、ミッションスクールに入学し初めて聖書に触れる。夫になるクリスチャンと出会い、再び教会へ。日本イエス・キリスト教団池田中央教会で受洗、婚約、結婚。一人息子は東京基督教大学在学中。

【チームK　校正担当】

有松正治（ありまつ・せいじ）
北九州市出身。1948年生まれ。大阪府枚方市在住。妻の所属する京都府八幡市の明野キリスト教会に日曜日ごと妻の送り迎えをしていたが、退職後61歳のとき、同教会にて大頭眞一牧師より受洗。以来10年余り、現在まで同教会の教会員。母、妻と三人暮らし。一男一女、孫が二人。趣味は俳句。

栗田義裕（くりた・よしひろ）
静岡県静岡市生まれ。18歳の時に仙台で信仰に導かれ、仙台バプテスト神学校卒業後に石巻で7年間、開拓伝道に従事。その後、仙台の八木山聖書バプテスト教会で30年間牧師として奉仕。65歳を機に退任し神学校教育、被災地での後継者育成の分野で奉仕。家族は妻と一男二女、孫が4人。趣味はサッカー観戦とカップラーメン。

協力者の方々のプロフィール

解説：山田風音＆みぎわ（やまだ・かずね＆みぎわ）愛知県生まれ、新潟市在住。九州大学芸術工学部卒業後、豪州短期宣教師を経て保育士・幼稚園教諭として働く。2018年、インタビュー自分史の執筆や出版を手掛ける「ライフストーラー企画」を立ち上げる。名古屋市のクリスチャンシェアハウス「グレイスハウス」元ディレクター（チャプレン）。会衆を困惑させる奏楽者でもある。life ～ storier.com grace ～ house.com みぎわ：新潟出身の父と秋田出身の母を持つ米どころハーフ。新潟聖書学院聖書課修了。保育士・幼稚園教諭。星野源の大ファン。

説教集協力者

【チーム０　文字起こし担当】

安達世羽（あだち・よはね）
神奈川県出身。東京学芸大学教育学部カウンセリング専攻卒。卒業後、和歌山県にあるNPO法人白浜レスキューネットワークで２年間、自殺予防・自立支援の働きに従事する。現在は東京の神学校に通う神学生。

小暮敬子（こぐれ・けいこ）
「あたし、失敗しないので！」の女医さんをイメージしてヘアカット。カッコイイと思うけど、でも、実際には「失敗したっていいじゃん！」「完璧であろうとするより正直である方が大事」と思いながら生きている。楽しい妻、いい加減な母親を目指す２女１男の母。神奈川県出身。日本フリーメソジスト東住吉キリスト教会牧師夫人。

立川 生（たちかわ・いくる）
1985年兵庫県神戸市生まれ。クリスチャンホームで育ち就職を機に東京、福岡へ転勤。現在日本バプテスト連盟博多キリスト教会在籍。

あとがき

第三巻「栄光への脱出」(出エジプト記)から4か月ほどでの第四巻刊行の運びとなりました。協力者のみなさんの熱意のたまものですが、私自身も引き続くコロナによって出かけることが少なくなり、読んだり書いたりの時間が増えたこともあると思います。そんな中でABCD理論というものを考えつきました。

「あなたがたは私に悪を謀りましたが、神はそれを、良いことのための計らいとしてくださいました。それは今日のように、多くの人が生かされるためだったのです。」(創世記50：20)は、エジプトに売られたヨセフが、兄たちに言ったことばです。神さまは悪からも善をとりだすことができます。すばらしい善をとりだすことができるのです。図をごらんください。兄たちがヨセフをエジプトに売らなければ、ヨセフの人生はAからBへと進んでいったでしょう。ところが兄たちの悪によって、ヨセフはCというどん底を経験しました。けれども、神さまはそこからDへと善をとりだしました。兄たちが悪を行わなかった場合のBよりもはるかに良いことをしたのです。これが、やがて出エジプト、ついには主イエスの十字架と復活につながっていきます。コロナがなければ、世界はAからBへと進んでいったでしょう。けれどもコロナによってCというどん底を経験しています。けれども、神さまはここから、かえって良いことをすることができます。Dをつくりだすことができるのです。コロナの中で、コロナをも用いて、世界の破れをつくろってくださる神さまを信頼し、共に働きたいと願わされることです。

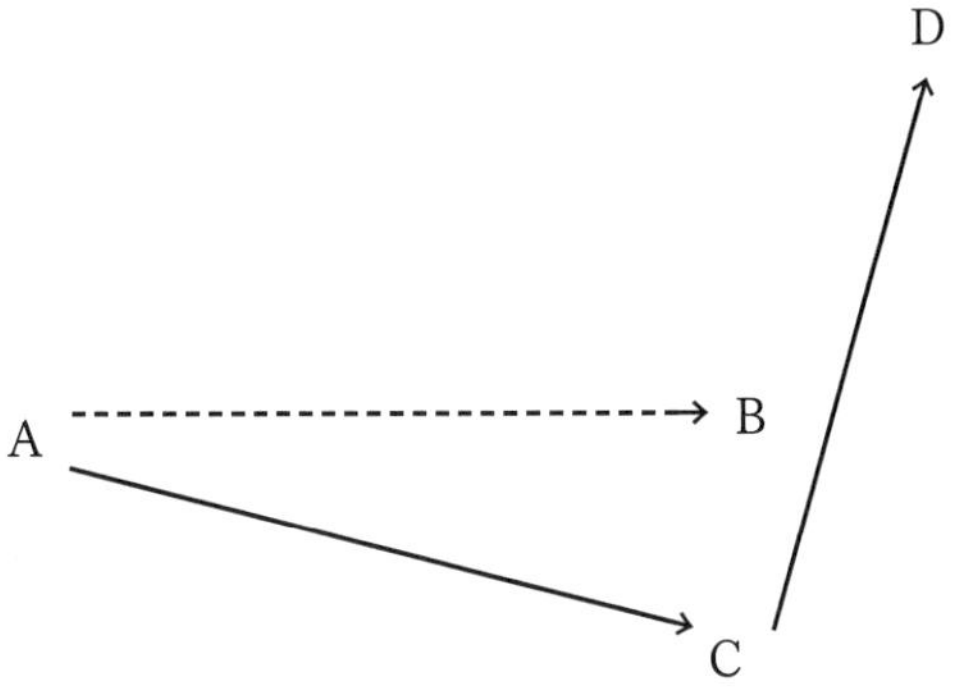

この巻でもいつものように横浜指路教会の藤掛順一牧師の説教を参考にさせていただいています。協力者に新しい仲間たちも加わってくださいました。昨年、山田風音兄

と結婚されたみぎわさんも助けてくださいました。風音さんは校正の際、説教一篇ごとに豊かな感想を送ってくださいます。それがすばらしいものですから、今回、解説にまとめていただきました。今回のテーマソングは田中 殉牧師。いつものようにヨベル安田正人社長、装丁の長尾優さん、カットの「じょ〜じ」こと早矢仕宗伯牧師に、お世話になりました。

いつも励ましてくださる水垣 渉先生が、第三巻を読んで、おたよりをくださいましたのでご紹介させていただきます。

『栄光への脱出』、一気に拝読いたしました。有難うございました。説教によるGemeinde（会衆）に加えていただいているような気がしました。「深呼吸して、祈って、探す」——これは実によい言葉です。順序が大切です。Trinity（三位一体）のHoly Spirit（聖霊）→Lord Jesus Christ（主イエス・キリスト）→God（神）に対応しているように思われるので、私には全キリスト教思想（史）への接近のカギになります。

先生には久しくお目にかかれませんが、モーセ五書の説教集の完成をお祈りいたします。Pax Domini tecum!（主の平和があるように！）

コロナの中でも、みなさまが福音のいのちに輝かれますように。

２０２１年　聖霊降誕祭

大頭眞一

説教ができるまで——その1

みなさんどのようにして説教ができると思っておられるだろうか。ぼくは牧師になる前は、牧師が一週間ずっと祈っていると思っていた。朝早くから、夜遅くまでずっと。すると聖霊によって聖書の箇所と語るべき内容が示される。そのような説教が霊的な説教であり、そんな説教を聞いた人たちは、どんどん回心してキリストを受け入れ、すでにキリストを受け入れている人は、さらなる霊的な高みへと成長する、と。

ところが実際にやってみるとこの方法は機能しない。これだと、結局はすでに自分が知っている聖書箇所と説教の終着点の中からメッセージを組み立てることになる。ある牧師から自分の説教は、教会学校五つの約束のどれかで終わる、と聞いたことがある。礼拝、献金、伝道、聖書、お祈りがそれだ。どこの聖書箇所から始まっても、五つの約束のどれかで終わるとするなら、恵みから始まって、行いへと人びとを駆り立ててしまうことになる。五つあればまだましかもしれない。中には「身も心もささげて聖霊を受けなさい」と毎回語る牧師もいる。あるいは「祈りは聞かれる。祈りなさい」と語り続ける牧師も。疲れた人びとがこれを聞いたらしんどくなってしまうだろうと思う。ぼく自身そういう説教を語っていた時期があった。これはほんとうに申し訳ないことだと思う。

実際、説教は生き物だ。ぼくは自分の10年前の説教を聞く気になれない。ということは、今の説教を10年後には恥じることになるのだろう。そのときの牧師、そのときの会衆。その向き合った関係の中で成立する一度限りのできごと、それが説教なのだ。

加藤常昭先生の率いる説教塾に出入りした時期がある。かつてのようにコミットしてはいないが、ぼくは今も塾生のひとりだ。あそこでは、だれかが説教を試みるとき、まず、自分が語る予定の会衆を説明する。愛ある説教批判が説教塾のいのちだが、どこででも通用する「よい」説教などというものはないというポリシーがあるのだ。それは一度かぎりのできごとだからだ。ぼくの親友の久保木 聡（日本ナザレン教団 鹿児島教会牧師）などは、できごととしての説教の究極を行っているのかもしれない。聖書箇所ぐらいは決まっているようだが、原稿を持たないで講壇に立ち、目の前の人びとの顔を見ながら語るという。これはすごい。ただ、だれにでもできることではない。常人離れした率直さが必要だ。もっともコロナになって、家にデバイスもCDプレイヤーもない人を考慮して今は原稿をきっちり書いてるのだそうだが。

率直さ、そういう人格的な要素が説教には必要だ。なぜなら、説教の目的は「よい説教」をすることではないからだ。説教の目的は人びとの顔が神を仰ぎ見ることにある。だから説教はだれか別の人の完全な原稿を読み上げても、成り立たないのだ。

牧師を悩ませる信徒の声の一つが「○○先生の説教がいい」「○○先生のように語って欲しい」というものだ。これは難しい。なぜなら○○先生とその信徒は密接な関係を持っていない。できごとが起こらないのだ。だから、説教は聞く人びとにも覚悟を求める。この牧師が名説教者でなかったとしても、この牧師が率直になれないならば、そこに痛み、そこを超えていくことを願う会衆がいる牧師は幸せだと思う。レストランなら料理が、口に合わなければ二度と行かなければいい。けれども、教会は牧師と会衆が泣き笑いをしながら、おたがいを育てるところなのだ。

率直さと言えば、初めて説教塾に行くときは怖かった。自分の説教がまるっきりダメだと言われたら生きていけないような気がして。そのとき加藤常昭先生は体調が思わしくなかった。それなのに、ぼくはどうしても、と頼んで説教を聞いてもらった。ほんとうに申し訳ないことをしたと思う。ただ、ぼくも切羽詰まっていた。ぼくの説教に多くの人がつまずいているように感じられた。土曜日は教会に泊まり込んで、一週間のほとんどを注ぎ込んでいたにもかかわらず。家族にも楽しい思いをさせてあげなかったのではないか、と思うと今でも胸が痛い。

説教を聞き終えた加藤先生はひとこと「あなたの体が揺れているのは、会衆との関係の不安定さを表している」と言った。そのときのぼくは、「あ、ぼくの説教は、内容以前の段階なんだ」と受け取った。それはそれで、どんな変化をも受け入れようという気になったのでよかった。ただ、加藤先生はもっと本質的なところに触れていたのだと思う。すなわち、説教ということに。

いろいろな意味で説教塾というのは画期的だと思う。説教者たちはみな悩んでいる。上空から見ると、ひとりずつが個室に閉じこもって同じように呻いているのだ。自分はだめだ、と嘆きながら。でも、どうしていいかわからずに。説教塾生がまずあげるのは、仲間同士の交わりだ。超教派なので自分の教団では、はばかられることも率直に話すことができる。ぼくもメーリングリストでずいぶんいろいろと相談にのってもらったものだ。第二は、説教のための黙想を行うことによって、聖書テキストの本質を汲み出そうとすることだ。第三は、もうすでに言った。おたがい愛をもって説教批判することだ。批判する者は、必ず改善提案をしなければならないことになっている。

ところが、この黙想というのがなかなか難しい。さらには、ドイツ語などもよく出てくるので、すべての牧師がついていけるとは限らないのだ。見ていると、ものすごく説教がよくなっていく人がいる反面、なかなか足踏みを抜け出せない人もいるようだった。ぼくは、なんとか少しでも成長したいと願った。ドイツ語はおろか、ギリシア語もヘブル語もあやしいぼくのことだ。黙想もよくわからない。そこで加藤先生の了解を得て、先生の説教をまねることにした。例えばヨハネならヨハネの加藤常昭説教集を手に入れて、順番にそこをなぞって行くのだ。それによって一流の説教というものの感触をつかもうと思ったのだ。

これはよかった。聴いている人びとには、生硬で未消化な感じがしたのかもしれないが、ぼくは「恵みの中に会衆を取り残す」というエンディングを身につけた。これはぼくの育った環境ではとても新しいことだった。感動的な例話にも出会った。特にルターがシュパルテンに書いた手紙や、詩人ヨッヘン・クレッパーの一家をめぐる物語などは、ぼくに福音を叩きこんでくれた。今でもよく用いている

大頭眞一

19
C D Em C D
いにー い た み の な げ き が ひ び くー だか ら わ た し が ー 来

22
G D/F♯ Em /D C D /F♯
た の だと 十字 架 の血ー で あ ら う と 宣 べ た もうー の が

25
3.Em D
3) ち か ら な き も のです 立 て な い とー のぞ

27
C D Em C D
みのー な い 日がー 暮 れ るときー いい や わ た し が ー こ

30
G D/F♯ Em /D C D /F♯
こ に ーいる 復 か つのー い の ちをー そ そ ぎ たもうー の が

聖なる神の聖なる民

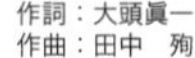

♩= 80

G D/F♯ Em /D

のが　れのまちにー　いま　はしり込めー　せい

3 C G/B Am D C D

なるかーみのふところに抱きしめらーれて　ぼくらはあ

Fine 1.

6 G D/F♯ Em /D C D G Em

なたーの　ーせ　いーなるたみ　1) けがれたものです　はな

10 D C D Em

れてくーださいと　今日もかなしいさけびがひびくー　そん

13 C D G D/F♯ Em /D C

なさけびをー御　こえがおおい　あ　なたはーきよいとー宣

2.

16 D /F♯ Em D

べたもうー　のが　2) 足りないものです　も　うだめーだとー　せか

大頭 眞一（おおず・しんいち）
1960 年神戸市生まれ。北海道大学経済学部卒業後、三菱重工に勤務。英国マンチェスターのナザレン・セオロジカル・カレッジ（BA、MA）と関西聖書神学校で学ぶ。日本イエス・キリスト教団香登教会伝道師・副牧師を経て、現在、京都府・京都信愛教会 / 明野キリスト教会牧師、関西聖書神学校講師。
主な著書：『聖書は物語る』（2013、2023[8]）、『聖書はさらに物語る』（2015、2019[4]）、共著：『焚き火を囲んで聴く神の物語・対話篇』（2017）、『アブラハムと神さまと星空と　創世記・上』（2019、2024[3]）、『天からのはしご　創世記・下』（2020、2022[2]）、『栄光への脱出　出エジプト記』（2021）、『聖なる神聖なる民　レビ記』（2021、2024[2]）、『何度でも 何度で 何度でも 愛　民数記』（2021、2024[2]）、『えらべ、いのちを　申命記・上』（2022）、『神さまの宝もの　申命記・中』（2023）、『いのち果てるとも　申命記・下』（2023）、『聖化の再発見　ジパング篇』（2024〔編著〕、以上ヨベル）、『焚き火を囲んで聴く神の物語・聖書信仰篇』（2021、ライフストーラー企画）、『焚き火を囲んで聴くキリスト教入門』（2023、いのちのことば社）、『牧師・大頭の焚き火日記』（2024、キリスト新聞社）
主な訳書：マイケル・ロダール『神の物語』（日本聖化協力会出版委員会、2011、2012[2]）、マイケル・ロダール『神の物語　上・下』（ヨベル新書、2017）、英国ナザレン神学校著『聖化の再発見 上・下』（共訳、いのちのことば社、2022）

ヨベル新書 069

聖なる神の聖なる民　レビ記

焚き火を囲んで聴く神の物語・説教篇（4）

2021 年 7 月 07 日 初版発行
2024 年 5 月 10 日 2 版発行

著　者 —— 大頭眞一
発行者 —— 安田正人
発行所 —— 株式会社ヨベル　YOBEL, Inc.
〒 113-0033 東京都文京区本郷 4-1-1-5F
TEL03-3818-4851　FAX03-3818-4858
e-mail：info@yobel. co. jp

印刷 —— 中央精版印刷株式会社
装幀 —— ロゴスデザイン：長尾 優
配給元—日本キリスト教書販売株式会社（日キ販）
〒 162 - 0814　東京都新宿区新小川町 9 -1　Tel 03-3260-5670
　ISBN978-4-909871-47-3 C0216

【本のひろば2021年4月号再録】

御言葉の臨場感を楽しんで！

大頭眞一著
「焚き火を囲んで聴く神の物語・説教篇3」
栄光への脱出――出エジプト記

評者：関　真士氏

大頭眞一先生より、思いがけず書評を頼まれた。身に余る光栄とは、この事である。ワクワクしながら本書のページをめくらせていただいた。

本書を読んで感じたことを一言で表現すると、それは「臨場感」である。まるでノンフィクションの映像を見ているような感覚になった。この臨場感をもたらしているものは何だろうか？

まず、大頭先生のメッセージに一貫しているのは、人間を神への応答者として理解しているところにある。

「私たちには神さまがおっしゃることを受け入れることもできるし、拒否することもできます。神さまに招かれるとき、それを拒否することもできます。そのように、人は神さまにとって応答関係の存在なのです。神さまにとって、私たちは『命令を聞かなかったらダメ』と済ますことのできない存在、それが私たちなのです。」（本文31頁）

神のことばを研究し、正しい解釈を求めることは尊い作業だ。しかし、大頭先生は、そこに留まらずに、その神のことばに対する応答者としての人間の人格を大切に、尊く扱っておられる。そのことによって、紙に書かれた脚本が俳優によって実際に演じられるかのように、文字である御言葉が動き始め、語り始める。それが臨場感となり、まさに神のドラマに自分も参加しているような感覚になる。

ただしその応答は、神のことばに対する応答という「枠」を決して超えない。どんな応答であっても、あくまでも神に対してなのだ。だからその応答は神との交わりとなり、そこに人格的関係がもたらされる。

大頭先生は、真理のみことばの前に立たされた人間の応答は様々であること、そしてその応答を神が求めておられることを明らかにされる。

「聖書は、ただの書かれた言葉ではなく、一言一言が人格的な交わりを求める、神さまの愛のことばです。」（本文76頁）

さらにこの臨場感は、大頭先生自身がそこにいることでもたらされていると思われる。大頭先生は、確かにそこにおられたようだ。モーセが燃える柴を見たとき、エクソダスのために立ち上がったとき、シナイ山から下りて来たとき、幕屋を建てたとき、その時、そこにいたようだ。荒野の岩場のかげで焚き火をしながら神のことばに耳を傾けている先生の姿が思い浮かぶようだ。

その時の大頭先生は、もしかしたら人間としての苦悩や、嘆き、弱さを抱えたいたのかもしれない。しかし、その時、そこで聴いた神のみことばを私たちに語ってくれるからこそ、メッセージの受け手に対して、神が今ここで語っておられるという臨場感をもたらすのだろう。

そして、大頭先生のメッセージの真骨頂は、常に主の十字架に焦点を当て、私たちを主の十字架のもとに導くことだ。

ある死刑囚の「誰が私の罪を責めうるのか」ということば対して「責めうるとするとすれば、それは神さましかいない。でもその神さまが、御子イエス・キリストの十字架によって、もう私を罪に定めないと言ってくださった、だから私は神を喜ぶ。喜びながら光の中を生きる。」（本文138頁）と答えている。

主の十字架が臨場感をもって迫り、この喜びと光の中に招かれていることに感謝が溢れてくる。メッセージを通して、主の熱情とも言える愛が迫ってくる。

引用したい箇所は山ほどあるが、それは叶わない。どうぞ本書を開いて御言葉の臨場感を楽しんでいただきたい。

（せき・しんじ＝ホノルル・キリスト教会牧師）